팔리는
프로덕트

팔리는
프로덕트

고객에게 선택받는
서비스 기획 바이블

박지수

탈잉

CONTENTS

Prologue　우리의 아이디어는 성공할까?　　　　　　　　　　　　　8

Chapter 1　회원 수가 많으면 성공한 제품일까?

제품이란 무엇인가?　　　　　　　　　　　　　　　　　　　　15
고객경험(UX)이란 무엇인가?　　　　　　　　　　　　　　　　19
성공한 제품의 필수 조건　　　　　　　　　　　　　　　　　　22
세일링 기술만으론 성공할 수 없다　　　　　　　　　　　　　26

Chapter 2　실무 프로세스
　　　　　　　step 1. 비전과 목표 설정

제품 실무 프로세스 5 steps　　　　　　　　　　　　　　　　35
비전과 목표 설정　　　　　　　　　　　　　　　　　　　　　37
비전이란 무엇인가?　　　　　　　　　　　　　　　　　　　　39
비전을 현실화하기 위해 제품이 만들어진다　　　　　　　　　42
비전과 목표의 차이　　　　　　　　　　　　　　　　　　　　44
목표를 설정하는 방법　　　　　　　　　　　　　　　　　　　46
비전과 목표가 실무진에게도 중요한 이유　　　　　　　　　　49

Chapter 3   실무 프로세스
step 2. 제품 잠재력 분석

제품 잠재력 분석	57
잠재력 분석 방법 1. 고객 니즈의 크기 분석	58
잠재력 분석 방법 2. 고객 니즈의 빈도 분석	62
잠재력 분석 방법 3. 기존 유사 제품 분석	66

Chapter 4   실무 프로세스
step 3. 고객 연구(1)

고객 연구	75
초기 구축 단계의 고객 연구	77
운영 단계에서의 고객 연구	87

Chapter 5   실무 프로세스
step 3. 고객 연구(2)

고객 인터뷰 진행하기	97
1단계 : 인터뷰 개요 작성	98
2단계 : 인터뷰이 모집	107
3단계 : 질문지 작성	111
4단계 : 인터뷰 진행	114
5단계 : 인터뷰 회고 및 결과 분석	121

Chapter 6 실무 프로세스
step 4. 제품 설계 및 구현(1)

제품 설계, 어떻게 시작할까?	133
탄제문 1. 현재 고객의 페인 포인트는?	134
탄제문 2. 그 페인 포인트를 해결하는 방법은?	138
탄제문 3. 관련하여 가장 자주 하는 행동은?	141

Chapter 7 실무 프로세스
step 4. 제품 설계 및 구현(2)

의사결정 노하우	151
팀원 피드백으로 제품을 완성하는 노하우	157
제품 또는 프로젝트 리딩 노하우	166

Chapter 8 실무 프로세스
step 5. 출시 후 학습/개선
– 프로토타이핑과 고객 검증

작은 실패를 감수해야 하는 이유	177
프로토타이핑과 고객 검증 방법	180

Chapter 9 실무 프로세스
step 5. 출시 후 학습/개선 – 린 프로세스

린 프로세스란?	191
린 프로세스 1. 가설 세우기	195
린 프로세스 2. 검증하기	197
린 프로세스 3. 학습하기	201
MVP 스펙이 너무 크다면?	203

Chapter 10 실무 프로세스
step 5. 출시 후 학습/개선 – A/B 테스트

A/B 테스트	209
테스트 목적과 가설 세우기	212
비교 변수 설정하기	214

Chapter 11 나만의 실무 노하우 만들기

열심히 만들면 알아줄 거라는 착각 버리기	221
특정 기능에 매몰되지 않기	223
방법론, 이론에 매몰되지 않기	226
고객 문서를 적극적으로 활용하기	229
고객의 말을 맹신하지 않기	231

Epilogue 성공하는 제품, 당신도 만들 수 있습니다 234

PROLOGUE

우리의 아이디어는 성공할까?

2014년, 5명 남짓한 스타트업에 UX/UI 디자이너로 입사했다. 프로덕트(제품)를 만드는 일은 0에서 시작해야 했고, 나는 회사의 유일한 디자이너였다. 직함은 'UX/UI 디자이너'였으나 회사는 UX(User Experience)에 전혀 관심이 없었고, 고객을 고려하지 않은 기획에 색을 입히는 일만 반복할 뿐이었다. 많은 웹 사이트와 앱을 론칭했지만 어딘가 공허했다. 고객을 정의하고, 그들을 이해하고, 그들을 만족시키는 것. 이 과정을 통해 가치를 만드는 경험을 하는 것이 내가 스타트업을 선택한 이유였지만, 이런 경험이 가능한 회사는 좀처럼 찾기 힘들었다.

그러다 우연히 고객경험의 중요성을 잘 알고 있는 회사라며 '뱅크샐러드'라는 핀테크 스타트업을 소개받았다. 당시 10명 규모의 작은 회사였으나, 'UX를 제대로 해볼 수 있지 않을까?' 하는 막연한 기대를 갖고 합류를 결정했다.

합류 당시 뱅크샐러드도 제품은 0에서 시작하는 것이나 다름없었다. 나는 성공 경험이 전무한 주니어 디자이너였고 심지어 금융에 대해서도 무지했다. 그러나 불행인지 다행인지 비즈니스는 급속도로 성장했다. 비즈니스가 성장한다는 것은 곧 회사에도 개인에게도 항상 새로운 미션이 주어진다는 것을 의미했다. 매 분기 새로운 프로젝트를 도맡아 진행하면서 무엇을 어떻게 어디서부터 시작해야 할지 막막했다. 학부에서 배운 UX 방법론을 열심히 적용해보고, 실리콘밸리의 협업 방식을 따라 하며 내가 알고 있는 이론들을 맹신했다. 게다가 '고객 중심'을 외치는 팀원들과 함께 열과 성을 다해 만들고 있으니, 설마 쪽박은 차지 않을 것이라 막연히 믿었다.

그러나 밤새워 개발한 앱은 보기 좋게 실패했다. 마케팅으로 늘어나는 다운로드 수에 비해 앱을 다시 찾는 활성 사용자 수는 턱없이 적었다. 팀원 모두가 '나는 최선을 다해서 만들었다'고 자부할 뿐 실패의 원인은 알지 못했다. 그저 제품이 고객에게 외면받았다는 사실을 받아들이는 수밖에 없었다. 이 실패를 계기로, 제품을 성공시키는 것은 팀원의 의지나 열정도, 수많은 UX 방법론과 협업 이론도 아니었다는 걸 깨달았다. 우리는 '우리가 만들고 싶은' 제품을 고민하고, '우리가 하고 싶은 방식으로' 일하는 것에 집중한 나머지 정작 '우리의 고객이 누구인지'는 몰랐던 것이다.

그 후 또다시 실패하지 않기 위해, 고객에게 외면받지 않기 위해, 무작정 고객을 찾아 나섰다. 신용카드로 최대 혜택을 받고 있는 사람, 10년 동안 꾸준히 가계부를 써온 사람, 신용 관리에 자신만의 철학이 있는 사람 등 새로운 프로젝트가 있을 때마다, 혹은 분기별로, 계속해서 고객을 만났다. 그렇게 수백 명의 고객을 직접 만났고 수천, 수만 명의 의견에 귀 기울이기 시작했다. 우리 제품을 사용할 사람들은 누구인지, 그들은 어떤 사람들이고 무엇을 원하거나 원하지 않는지 직접 듣고, 그들의 말을 이해해보고, 재해석하기를 반복했다.

처음엔 반신반의했다. 실패를 겪고 나니 '고객경험'이라는 단어는 어쩐지 지나가는 유행이거나 사막의 오아시스 같은 허상은 아닐까 하는 생각도 들었다. 심지어 '고객 인터뷰'나 '페인 포인트(Pain Point)' 등의 단어는 어디서 많이 들어보긴 했지만, 실제로 이를 토대로 제품을 성공시켰다는 이야기는 들어본 적이 없었다. 하지만 이것 말고는 제품을 성공시킬 방법이 달리 없었다. 이런 의심이 생길수록 더 열심히 고객을 만났다.

신기하게도 이 방법은 통했다. '고객을 이해한 제품'은 첫 제품과는 달리 고객들의 긍정적인 반응이 하나둘 모이기 시작했다. 점점 더 많은 고객들이 제품에 모이기 시작했고 제품이 활성화되었다. 4년 뒤, 10명의 팀원은 100명 이상으로 늘었고, 제품은 450억 원 규모의 시리즈 C 투자 유치에 성공하였으며, 기업 가치는 6천억 원을 달성했다.

이를 학습하기까지만 3년이 넘는 시간이 걸렸고, 그 후 제품의 성공을 경험하기까지는 5년이 걸렸다. 시시각각 변화하고 항상 치열하게 생존을 고민해야 하는 스타트업 환경에서 5년이란 시간은 참 길고도 험난했다. 그 시간 동안 나는 디자이너이자 기획자였고, UX 리서처이자 프로젝트

매니저였고, 디자인 팀장이자 제품 총괄이었다. 덕분에 제품을 구축하고, 개선하고, 운영하며 제품과 관련된 A to Z를 경험할 수 있었다. 힘든 만큼 값진 경험이었다. 그러나 각 단계별로 벤치마킹할 만한 사례가 없어 많은 시행착오를 겪어야 했다. 인터넷이나 책에서 얻을 수 있는 이론은 원론적인 이야기에 그쳐 있었고, 유니콘 기업이나 실리콘밸리의 성공 사례는 시작 단계에 있는 나에겐 너무 먼 이야기였다.

'우리의 아이디어는 성공할까? 그렇다면 어떻게 현실화해야 하나? 우리가 노력한 만큼 고객들이 좋아할까? 고객 반응이 없는데 마케팅을 해야 하나, 제품을 고쳐야 하나? 어떻게 해야 사람들이 우리 제품을 더 자주 사용할까?'

내가 그러했듯, 제품을 기획하고 운영하는 이들은 밤낮으로 이런 고민을 안고 있을 것이다. 그들의 고충을 십분 이해하기에 내가 맨땅의 헤딩으로 얻은 시행착오와 노하우를 알리고 싶었다. 그래서 많은 이들이 더 이상 고객이 배제된 공허한 기획 문서들로 시간 낭비하지 않으며, 예상치 못한 실패로 어려움을 겪지 않길 바란다. 그로 인해 더 많은 이들의 성공 경험을 앞당길 수 있다면, 세상에 더 좋은 제품, 고객들이 열광하는 제품들이 많이 탄생하지 않을까 하는 기대를 해본다.

박지수

회원 수가 많으면
성공한 제품일까?

제품이란 무엇인가?
고객경험(UX)이란 무엇인가?
성공한 제품의 필수 조건
세일링 기술만으론 성공할 수 없다

제품이란
무엇인가?

시작하기에 앞서 이 책에서 앞으로 계속 언급할 '제품'이 정확히 무엇을 의미하는지 짚고 넘어가보자. 최근 IT 기업에서는 프로덕트 디자이너(Product Designer), 프로덕트 오너(Product Owner) 또는 프로덕트 매니저(Product Manager)와 같은 직책이 각광받고 있다. IT 기업은 앱이나 웹과 같은 소프트웨어 서비스를 제공한다. 따라서 지금까지는 '서비스 기획', '서비스 디자인' 또는 '웹 디자이너'라는 표현이 일반적이었고, 여전히 '제품' 또는 '프로덕트'라는 표현이 낯선 사람도 많을 것이다. 그 때문에 온라인을 비롯한 오프라인 강의를 진행할 때면, 강의 타이틀에 불가피하게 '서비스'라는 단어를 사용해왔다. 그러나 정확히 말하면 나는 프로덕트 디자이너로 실무를 맡고, 최근까지 CPO(Chief Product Officer, 제품 총괄)로 근무했다.

IT 업계에서 사용하는 '제품'이라는 단어는 정확히 무엇을 의미하는 것일까? 일반적으로 제품, 프로덕트라고 하면 노트북이나 냉장고 같은 하드웨어 제품이 생각난다. 확실히 하드웨어에서 말하는 '제품'은 혼란의 여지가 없다. 그러나 **소프트웨어 제품, 그러니까 IT 업계에서 말하는 '제품'은 서비스를 구성하고 있는 모든 것을 포함한 생산품을 의미한다.** 그리고 여기에서 '서비스를 구성하고 있는 것'이란 고객이 해당 서비스와 관련해 경험하는 모든 고객경험(UX)을 의미한다.

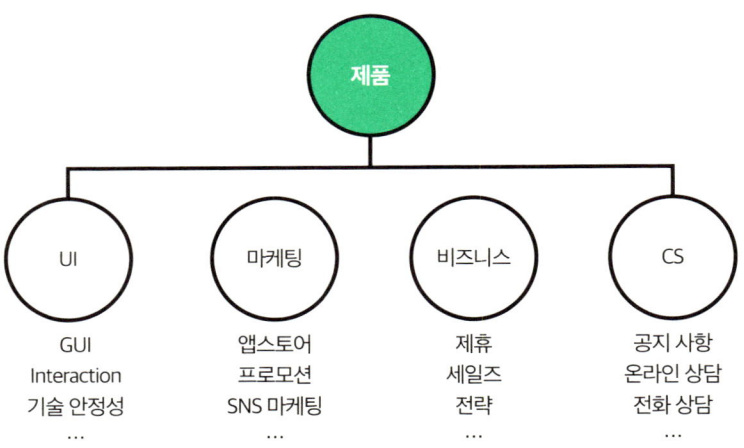

앱, 웹과 같은 소프트웨어 제품은 하드웨어 제품과 달리 실시간으로 고객경험에 변화를 가져올 수 있다는 특수성이 있다. 버튼의 위치가 갑자기 바뀌기도 하고, 앱 화면 내에서 경험한 오류를 실시간으로 문의하고 답변을 받아볼 수도 있다. 심지어 업체 측에서 원격으로 오류를 해결해주기도 한다. 이런 특수성을 고려한다면, 단순히 UI(User Interface)를 설계하고 구현하는 기획자, 디자이너, 개발자만이 제품을 설계하는 사람들이 아니라는 것을 알 수 있다. '광고를 통해 앱의 어떤 화면으로 도달하게 만들 것인가' 고민하는 마케터, '특정 오류에 대해서 어떻게 응대하여 고객의 이탈을 막을 수 있을까' 고민하는 고객상담팀, '고객이 만족할 만한 상품을 어떻게 제휴할지' 고민하는 비즈니스팀까지 모두가 고객경험에 영향을 미친다. 그리고 이들 모두가 소프트웨어 제품의 설계자들이다.

따라서 프로덕트 디자이너, 프로덕트 오너(또는 매니저)처럼 '프로덕트'라는 단어가 들어간 직책을 가진 사람은 이러한 관점을 가지고 제품을 설계하고 협업할 수 있어야 한다. 최근 IT 기업, 특히 유망한 스타트업이나 유니콘 기업에서 '웹 디자이너'를 뽑지 않고 '프로덕트 디자이너'를 뽑겠다고 말하는 것은 이러한 관점을 가진 인재를 원한다는 뜻이다. 앞으로 이러한 흐름은 더 강해질 것이다.

실제로도 이 관점을 가지고 일을 하느냐 그렇지 않느냐에 따라 장기적으로 실무 역량에 차이가 생긴다. 이 역량이 앞으로 당신이 리더가 될 수 있는가 없는가, 또는 팀 전체 퍼포먼스 성장을 지원할 수 있는가를 결정짓기 때문이다. 앞서 언급했듯이 IT 제품은 UI 설계 이외에도 마케팅, 비즈니스, 고객 응대 등이 제품에 직접적인 영향을 미치기 때문에 실무진 간, 프로젝트 간, 부서 간 상호적으로 매우 긴밀하게 엮여 있다. 실무자로서 당장 손에 쥔 프로젝트를 완수하는 것만으로도 충분히 벅차다고 느껴질 수 있다. 그러나 제품 설계에 관여하는 위치에 있는 이상 자신의 프로젝트를 넘어서 제품 전체와 제품을 함께 만들어가는 팀원 전체를 조망하는 습관을 가져야 한다. 그것이 곧 IT 업계에서의 협업 역량이고 프로젝트 수행 역량이자 리더십이다.

고객경험(UX)이란 무엇인가?

IT 업계에서 말하는 제품이란 해당 제품과 관련한 모든 고객경험(UX)을 의미한다고 설명했다. 그렇다면 UX(User Experience), 즉 고객경험은 무엇일까? IT 업계에서 '고객경험'이라는 단어가 유행한 지 아직 10년도 채 되지 않았다. 그래서 여전히 많은 기업과 실무자들은 고객경험을 설계하는 것을 필요 이상으로 어렵게 여기거나 또는 기획 과정에서 아예 배제하기도 한다. 그러나 우리가 만들고자 하는 제품이 무엇이든, 고객경험을 너무 어렵게 생각할 필요 없다는 것, 그리고 고객경험만큼 중요한 것도 없다는 것을 알아야 한다.

고객경험은 마치 어느 날 갑자기 (아마 아이폰의 등장으로) 생겨난 단어인 것 같다. 그러나 고객경험이라는 단어가 유행하지 않았던 때에도 고객경험은 늘 존재해왔다. 슈퍼마켓에서 아이스크림을 하나 구매하는 것, 길거리에서 떡볶이를 사 먹는 순간도 모두 고객경험이다. 심지어 고객 조사 없이 기획하거나 디자인했더라도 누군가 그 물건을 발견하고 구매하고 사용하는 일련의 과정을 겪는다면, 당신은 고객경험을 설계한 것이다. 이처럼 고객경험은 비즈니스에서 '공기'와 같다. 너무 당연해서 쉽게 놓칠 수 있지만 동시에 절대로 놓쳐선 안 되는 것이다.

고객경험은 제품을 사용하는 그 순간만을 의미하지 않는다. **고객경험은 '제품을 알게 된 순간(인지) - 제품을 탐색하는 순간(탐색) - 제품을 구매하는 순간(구매) - 제품을 사용하는 순간(사용) - 제품을 더 이상 사용하지 않거나 재구매하는 순간(이탈/재구매)'을 모두 포함한다.**

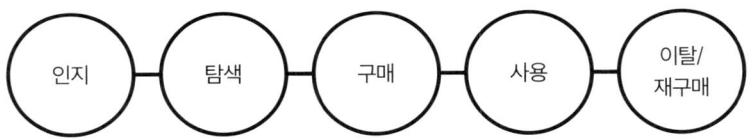

애플의 맥북을 구매하는 과정을 한번 상상해보자. 어느 날 분위기 좋은 카페에서 친구를 만났다. 그런데 맞은편에 앉은 스타일 좋은 사람이 노트북으로 진지하게 작업을 하고 있다. 그의 노트북은 중앙에 애플 로고가 박힌 무광 알루미늄 소재의 맥북이었다. 마침 노트북을 구매하고 싶었던 차에 눈길이 갔다. 날씨 좋은 날 카페에서 아메리카노를 마시며 맥북으로 작업하는 상상을 해본다.

집으로 돌아오는 길에 스마트폰으로 맥북을 알아보기 시작한다. 가격과 사양, 사람들의 후기와 다양한 사진들이 검색된다. 역시 가격이 조금 부담스럽다. 나는 디자이너도 음악 프로듀서도 아니므로 꼭 맥북을 사야만 하는 이유는 없다. 하지만 오늘 카페에서 봤던 그 모습을 사고 싶다. 며칠이 지나도 마음은 변하지 않았다. 결국 온라인으로 맥북을 주문한다. 며칠 뒤 상품이 곧 배송될 것이라는 애플의 메시지를 받았다. 설렌다.

회사로 맥북이 도착했다. 같이 일하는 동료들이 부러워한다. 빳빳하게 포장된 박스를 여니 지문 하나 없는 매끈하고 묵직한 노트북이 반짝거린다. 노트북을 실행시켜 내 정보를 입력하고, 와이파이를 연결하고, 앞으로 사용할 앱들을 설치한다. 노트북에 어울리는 가방과 케이스, 스티커 등을 살 생각에 하루 종일 기분이 좋다.

이 일련의 과정이 고객경험이다. 이 과정 속에서 제품에 감동했던 순간(Magic Moment)을 겪기도 하고, 그 감동의 순간을 주변 지인들에게 적극적으로 알리면서 홍보(Viral Marketing)하기도 한다. 반대로 최악의 경험을 한다면 별점을 낮게 주거나, SNS로 보이콧 바람을 일으키기도 하고, 특정 기업의 물건은 영원히 사용하지 않겠다는 불매 결심을 하기도 한다.

따라서 제품의 화면 구조를 짜고(기획), 그래픽을 입히고(디자인), 이를 구현하는 것(개발)만이 고객경험을 만드는 것이 아니다. 결과물을 홍보하고(마케팅), 스토어에서 판매하고(영업), 문제가 발생했을 때 응대하는 일(CS, A/S)까지가 전부 고객경험이며, 이 모든 것이 제품 설계다.

성공한 제품의
필수 조건

─────── 제품과 고객경험이 무엇인지 이해했다면, 이제 '제품을 성공적으로 설계하는 방법'에 대해 이야기해보자. 성공한 제품은 어떤 조건을 갖췄을까? 반대로 제품이 실패하는 원인에는 무엇이 있을까?

먼저 실패한 제품은 팀 간 불화, 재정 부족, 오너 리스크, 정치적·사상적·윤리적 문제 등 다양한 이유가 원인일 수 있다. 실제로 크고 작은 비즈니스에서 흔히 일어나는 일들이다. 실패 사례는 그 형태가 매우 다양하고 일관성이 없다. 반면 성공 사례는 공통점이 있다. 그러니 실패를 예방하기보다, 성공을 연구하는 것이 비즈니스와 커리어에 더 효율적인 방법이다.

'성공한 제품의 필수 조건'이라고 하면 무엇이 떠오르는가? 오프라인 수업에서 성공한 제품의 필수 조건이 무엇이냐 물으면 많은 수강생들은 회원 수, 웹 트래픽, 매출 등을 언급한다. 물론 틀린 말은 아니다. 모두 비즈니스에서 아주 중요한 지표들이다. 그러나 이 기준들이 언제나 제품의 성공을 보장하지는 않는다. 그 이유는 무엇일까?

예를 하나 들어보자. 여기 A라는 앱이 있다. 이 앱은 월 1만 명씩 신규 회원이 유입된다. 가입한 회원 중 다시 이 앱을 찾는 고객, 즉 재방문율은 10%다. 1천 명이 남는다. 그리고 이 중에서 구매 등의 행위를 통해 실질적으로 돈을 벌어다 주는 고객은 0.1%다. 10명 정도다. 만약 고객 1명당 평균 구매 금액이 5만 원이라고 했을 때 50만 원 정도의 돈을 번 셈이다.

그런데 이 앱은 월 1만 명씩 가입하는 앱이었다. 우리가 제품을 세상에 선보인다고 해서 고객들이 바로 우리 제품의 존재를 알게 되는 것은 아니

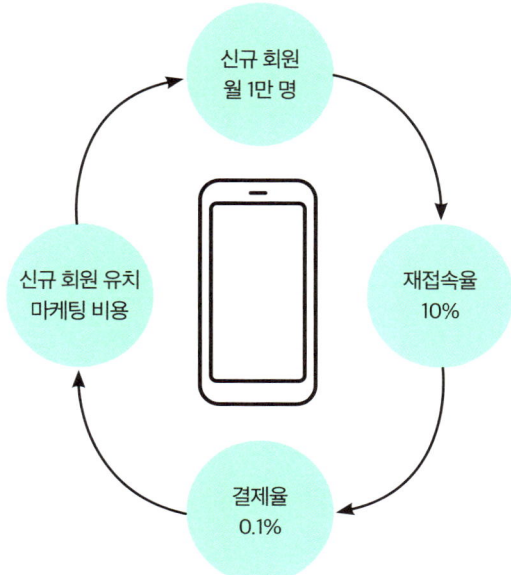

다. 이 말은 매월 이만큼의 신규 고객 유치를 위한 마케팅이 진행되고 있다는 뜻이다. 그렇다면 대략 가늠해보아도 1만 명을 불러왔을 때 발생하는 50만 원의 수익보다 1만 명을 데려오기 위한 마케팅 비용이 더 클 것이다. 그렇다면 이 앱의 누적 회원가입 수가 총 100만 명이라고 한들 계속해서 적자를 면하지 못하고 있는 상황이기 때문에, 결과적으로는 성공한 서비스라고 보기 힘들다.

이런 제품을 하나의 이미지로 표현하면 이렇다.

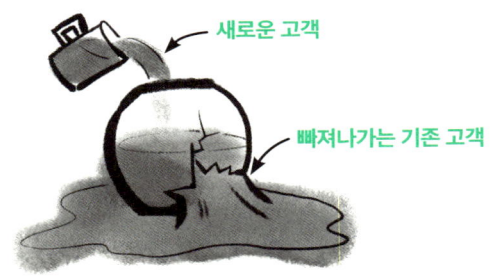

밑 빠진 독에 물을 붓는 격이다. 저 컵에서 들어오는 물은 마케터가 열심히 모아온 소중한 신규 고객들이다. 그런데 독에 차는 물보다, 독을 빠져나가는 물이 훨씬 많다. 이렇게 아무리 열심히 고객을 퍼 날라도 일정 고객이 독에 머물지 않는다면 제품은 지속적으로 성장할 수 없다. 독의 구멍을 메우지 않으면 결국에는 제품을 운영할 수 없는 상황에 다다를 것이다.

성공한 제품은 고객이 빠져나갈 수 있는 구멍이 매우 작거나 거의 없다. 일단 고객들이 제품에 남아야, 그들이 제품을 계속 방문하고, 사용하고, 구매할 수 있다. 이러한 고객을 많이 보유한 제품은 원하는 비즈니스 지표를 빨리 달성할 수 있게 된다. 따라서 우리의 제품은 탄탄한 독과 같아야 한다.

탄탄한 독과 같은 제품, 즉 성공한 제품의 필수 조건은 바로 '충성 고객'이다. 충성 고객은 제품의 열성 팬이다. 이들은 제품을 구매하고, 자주 방문할 것이다. 또 주변 친구들에게 적극적으로 제품을 홍보할 것이다. 마케터들의 로망인 자연 유입, 즉 바이럴을 일으켜주는 사람들인 셈이다. 제품을 이용하는 고객 중 충성 고객의 비율이 높으면 높을수록 제품과 비즈니스는 기하급수적으로 성장한다. 따라서 성공한 제품을 만드는 법은 곧 충성 고객을 만드는 법이라고 보아도 무방하다.

이를 가장 잘 보여주는 사례는 애플이다. 아이폰을 사용한 고객의 90% 이상이 다음 휴대폰도 아이폰을 사용하겠다고 말했다. 실로 어마어마한 수치다. 나 역시 현재 네 번째 아이폰을 사용하고 있다. 국내에서는 애플이 만든 모든 제품을 찬양하는 사람들을 소위 '앱등이'라는 말로 조롱하기도 하지만, 애플의 입장에서는 비즈니스의 성장을 견인하는 든든한 충성 고객이다.

세일링 기술만으론
성공할 수 없다

─────── 많은 제품들이 실패를 경험한다. 나 역시 마찬가지였다. 충성 고객을 만드는 것은 마음가짐만으로는 충분치 않았다. 제품은 모두 다른 아이템이었고, 상황도 모두 달랐다. 그러나 지속적인 마케팅에도 앱을 꾸준히 사용하는 고객의 비율은 좀처럼 늘어나지 않았다. 이는 유의미한 비즈니스 성과를 일으키지 못했음을 의미했고, 동시에 충성 고객이 거의 존재하지 않음을 뜻했다.

여러 실패 경험을 통해서 세일링 기술만으로 제품의 성장을 기대하는 시대는 지나갔다는 것을 깨달았다. 고객은 갈수록 똑똑해지고 있고, 제품이 자신이 원하는 것을 얼마나 잘 보여주는가를 매우 짧은 시간에 평가하고 결론짓는다. **만약 우리 제품이 고객에게 외면받았다면 그것은 고객이 우리 제품을 몰라봐주는 것이 아니라, 우리가 고객을 아직 잘 모르고 있다는 뜻이다.**

고객은 우리 제품을 알아봐주어야 할 의무가 없다. 그러나 우리는 제품을 성공시키기 위해 고객을 정확하게 이해하고 있어야 할 의무가 있다.

우리의 고객들은 대체 무엇을 원하고 있을까? 우리는 그들의 마음을 어떻게 사로잡을 수 있을까? 지금부터 우리는 '충성 고객'을 유치하는 것에 집중할 것이다. 그리고 그렇게 모은 충성 고객들은 우리의 제품을 '빈틈없이 탄탄한, 스스로 성장하는 제품'으로 만들어줄 것이다.

Chapter 1. 핵심 요약

1. '제품'은 서비스를 구성하고 있는 모든 것을 포함한 생산품을 의미한다. '서비스를 구성하고 있는 것'이란 고객이 해당 서비스와 관련해 경험하는 모든 고객경험(UX)을 의미한다.

2. 고객경험은 고객의 [제품 인지 - 제품 탐색 - 제품 구매 - 제품 사용 - 제품 이탈/재구매] 과정을 말한다.

3. 회원 수나 매출이 언제나 성공 기준이 되진 않는다. 그러나 성공한 제품은 반드시 '충성 고객'이 있다.

Chapter 1. Mission

- 기존에 운영하고 있는 제품이 있다면 그 제품이 얼마나 탄탄하게 설계되었는지, 고객이 빠져나가는 구멍이 얼마나 작은지 점검해보자.
- 이제 막 제품을 구축하는 단계라면, 이 미션 내용을 바탕으로 앞으로 제품을 설계하는 데 참고해보고 출시 후에 반드시 다시 한번 점검해보자.

점검 방법

신규 가입 고객들 중에서, 다시 우리 제품을 찾는 고객의 비율을 확인해본다. 다음 3가지 중 제품 사정에 가장 적합한 지표 하나를 선택하여 점검해보자.

1. 앱 설치 후 1주 이내 다시 방문하는 비율
제품의 충성도를 확인해보기 위한 지표로, 고객이 앱을 설치한 뒤 일주일 내로 다시 방문해보는 비율을 확인하는 방법이다. 예를 들어 '탈잉' 앱을 설치하고 일주일 내에

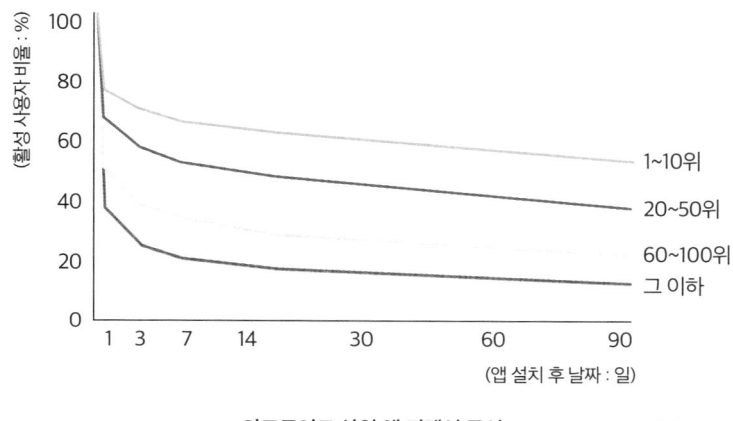

안드로이드 상위 앱 리텐션 곡선   자료 : quettra

다시 탈잉에 접속했다는 것은 이 앱에 필요성을 느낀 고객일 확률이 높다고 평가하는 것이다. 따라서 이 데이터를 핵심 지표로 삼는 기업들이 많다. 나 역시 실무에서 주요하게 확인했던 지표다. 이를 더욱 빠르게 점검하기 위해서는 일주일 내가 아닌 3일 내에, 1일 내에 다시 방문하는 비율을 보아도 무방하다.

  위의 표를 보면, 안드로이드 상위 10위 앱은 70% 이상이 일주일 내로 재방문한다. 하지만 우리 앱의 재방문율이 낮다고 해서 무조건 좌절할 필요는 없다. 어떤 성격의 앱이냐에 따라 높은 재방문율을 보이기 어려울 수 있기 때문이다. 실제로 메신저, 음악 또는 영상 스트리밍 서비스는 매일 방문할 수 있는 앱인 반면, 금융 앱은 그만큼 자주 방문하긴 힘들다. 어떤 업종의 제품이냐에 따라 다른 목표를 설정해보자.

2. 물건을 구매한 고객이 다시 재구매하는 비율

아직 구글 애널리틱스(GA, Google Analytics)나 파이어베이스(Firebase) 등의 데이터 분석 툴을 이용하고 있지 않아 제품의 데이터를 보는 게 힘들거나, 커머스 형태의 제품을 제공하고 있는 경우에 적합한 방법이다.

3. 우리 제품의 고객 감동 포인트 찾기(충성 고객으로 만드는 요소 찾기)

1번과 2번이 모두 불가능한 상황이라면, 우리 제품이 고객들에게 어떤 감동 포인트(Magic Moment)를 제공하고 있는지 살펴보자. 여기에서 감동 포인트란 고객이 돈을 지불하고, 스스로 지인들에게 적극적으로 홍보할 정도의 충성 고객으로 만들 수 있는 수준이어야 한다. 이를 확인해보는 방법은 자기 자신이나 제품을 함께 설계한 팀원보다는 이해관계가 전혀 없고 우리 제품에 대한 배경지식이 없는 제3자의 의견을 들어보는 것이다. 이 감동 포인트를 어떻게 만들어야 하는지에 대해서는 책 전반에 걸쳐 소개할 예정이다.

실무 프로세스
step 1.

: 비전과 목표 설정

제품 실무 프로세스 5 steps

비전과 목표 설정

비전이란 무엇인가?

비전을 현실화하기 위해 제품이 만들어진다

비전과 목표의 차이

목표를 설정하는 방법

비전과 목표가 실무진에게도 중요한 이유

제품 실무 프로세스
5 steps

제품은 기본적으로 이 다섯 단계를 거쳐 만들어진다. 이 도식을 기준으로 우리가 맡고 있는 제품은 어떤 과정으로 만들어지고 있는지 비교해보자. 아마 어떤 단계는 생략되었거나 또는 순서가 다르거나, 아니면 2가지 이상의 단계를 병렬로 진행하고 있을 수 있다. 이 도식은 절대적인 기준은 아니니 똑같은 순서로 진행하지 않는다고 해서 불안해할 필요는 없다. 제품이 초기 단계인지 운영 단계인지, 구성원의 성향이 어떠한지 등 기업이나 프로젝트 내부 사정에 따라 이 단계는 조금씩 달라질 수 있기 때문이다. 예를 들어 고객 연구가 이미 끝난 제품을 운영하고 있는 상황에서 디테일한 개선이 필요한 경우, 지난 연구 결과를 확인하는 것만으로도 충분할 수 있다. 또 비전은 한번 세워지면 자주 바뀌는 것이 아니므로 매번 새로운 비전을 세워야 하는 것도 아니다.

 그럼에도 이 도식을 기준으로 설명하는 이유는 각 단계마다 제품의 성공을 좌우하는 핵심 열쇠가 숨어 있기 때문이다. 그러니 각 과정을 왜 진행하는지, 해당 과정에서 무엇이 중요한지를 이해함으로써 실무에서 놓친 부분이 있다면 보완할 수 있어야 한다. 특히 이제 막 제품을 만드는 단계에 있다면 이 단계를 토대로 하나하나 진행해보길 바란다. 기본기를 다지고 난 후 과정이 익숙해졌다면 각자의 상황에 맞게 변형해보자. 자신만의 노하우가 만들어질 것이다.

비전과
목표 설정

_____ 제품 기획의 첫 번째 단계는 비전과 목표를 설정하는 것이다. 규모가 큰 조직의 실무진에게는 비전이라는 단어가 와닿지 않을 수 있다. 너무 거창하게 들리거나 혹은 원론적인 이야기처럼 들리기도 한다. 그러나 비전을 세우는 것은 제품 기획을 위한 첫 번째 필수 관문이다.

사업을 갓 시작했거나 그 사업에 합류한 사람은 우리가 왜 사업을 시작했는지, 어떤 제품을 만들고 싶은지 고민하게 되는데, 이러한 고민에 답을 주는 것이 바로 비전이다. 한 제품 내의 소규모 프로젝트도 마찬가지다.

'왜 이 프로젝트가 만들어졌는가?', '이 프로젝트로 어떤 산출물을 내야 하는가?', '어떤 성과를 내고 싶은가?' 등의 질문에 대해 답을 주는 것도 비전이다. 만약 구성원들이 이 질문에 명확히 답을 할 수 없는 상태라면 해당 프로젝트의 성과는 물 건너간 것이나 다름없다.

비전이란
무엇인가?

비전을 정의한다는 것은 우리 제품이 세상에 존재해야 하는 이유를 정의하는 것이다. 이것은 우리가 제품을 성공시켜야 하는 이유이기도 하다. 우리가 만들어내는 제품이 세상에 반드시 필요한 것이라면 우리는 성공할 것이기 때문이다.

예를 들어, 뱅크샐러드는 '금융 정보의 비대칭성을 해결하겠다'는 비전으로 시작했다. 이 말은 금융을 잘 모르는 사람들도 금융에 대한 정보를 충분히 이해하고 누릴 수 있도록 하자는 뜻이다. 그렇다면 이 비전은 어떻게 탄생한 것일까?

현금보다 카드 사용 비율이 높은 대한민국에서 신용카드는 삶에 없어서는 안 되는 필수 금융 상품으로 여겨진다. 그런데 우리는 우리가 쓰고 있는 카드에 어떤 혜택이 있는지 잘 모른다. "카드 혜택 최대로 받고 있으세요?'라는 질문에 자신 있게 답할 수 있는 사람은 거의 없을 것이다. 카드 혜택만을 위해 본인의 소비를 철저히 통제하고 있는 사람은 흔치 않기 때문이다. 심지어 "신용카드에 무슨 혜택이 있어?"라고 반문하는 사람이 더 많을 것이다. 물론 카드 혜택을 최대로 누리는 사람들도 있다. 그들을 소위 '체리피커(Cherry Picker)'라고 부르는데, 이들은 극소수의 카드 혜택 전문가들이다.

어떻게 모든 사람들이 자신의 소비 패턴을 기반으로 최대의 혜택을 받을 수 있는 신용카드를 선택하고, 실제로 그 혜택을 받기 위해 조건에 부합하도록 자신의 소비를 통제할 수 있겠는가? 국내에 존재하는 카드는 3천여 개가 넘고, 카드사마다 조건과 기준도 천차만별인데, 이것들을 모두 신경 쓰고 살기에는 우리의 삶은 이미 너무나 바쁘다.

어디 신용카드뿐만이겠는가. 적금을 발급받기 위해 은행에 방문해도 직원이 추천해준 상품이 실제로 나에게 가장 이익이 되는 상품인지 우리는 전혀 알 수 없다. 목돈이 생겨 투자를 하고 싶어도, 어디에 투자를 해야 최대 이익인지 판단하기 힘들다. 어설프게 전문가 흉내를 내며 투자했다가는 큰돈을 잃기 십상이다.

이렇듯 대중은 소수의 금융 전문가만큼 금융에 대해 잘 알지 못한다. 그러니 금융과 관련해서는 아는 사람만 누릴 수 있는 것이 당연하다는 인식이 팽배했다. 그러나 이런 금융 정보의 비대칭성에 불편함을 느끼는 많은 사람들이 있다는 것이 뱅크샐러드의 문제 의식이었다. 게다가 이 문제 의식은 우리 일상과 매우 밀접하게 닿아 있다. 많은 이들이 일상에서 불편함을 느끼고 있다는 것은 비즈니스 잠재력이 크다는 것을 의미한다. 실제로 카카오톡, 쿠팡, 페이스북, 인스타그램, 에어비앤비 등 유니콘 기업들이 모두 우리 일상 속에 녹아들어 있는 것을 보면 알 수 있다.

비전을 현실화하기 위해
제품이 만들어진다

　　　　　　뱅크샐러드는 금융 정보의 비대칭성을 해결하는 것을 비전으로 설정하고, 고객들이 자신에게 가장 큰 금융 혜택을 주는 상품을 이용할 수 있도록 웹 사이트를 구축했다.

뱅크샐러드 웹 사이트 화면

카드, 은행, 투자, 대출, 연금 등 금융 상품을 기준으로 메뉴가 구성되어 있다. 지금까지 금융기관의 니즈에 맞추던 방식에서 벗어나, 고객이 무엇을 원하는지 '고객의 니즈'를 중심으로 탐색하고 금융 상품을 추천받을 수 있도록 설계했다. 뱅크샐러드 웹보다는 앱이 대중에게 더 많이 알려지긴 했지만, 웹은 앱보다 먼저 세상에 선보인 제품으로 뱅크샐러드 초기 사업의 주축이자 앱 설계의 기반이 되었다. 웹 이후 앱 역시 동일한 비전 아래 누구나 쉽게 자신의 금융 데이터를 관리할 수 있도록 설계되었다.

이처럼 비전은 기존의 문제를 해결해 고객에게 더 나은 삶, 더 나은 라이프스타일을 제공하기 위해 반드시 필요한 전제 조건이다. 과거에는 은행 직원의 실적을 위한 금융 상품을 추천받았다면, 이제는 뱅크샐러드가 각자의 생활 패턴에 가장 적합한 상품을 찾을 수 있게 도와주고, 더 나아가 흩어져 있던 금융 데이터를 한곳에 모아 쉽고 편리하게 돈을 관리할 수 있게 함으로써 '금융 정보의 비대칭성 해결'이라는 비전을 현실화하는 것이다.

비전과 목표의
차이

막상 실무로 들어가면 비전을 세우는 것과 목표를 세우는 것을 혼동하기 쉽다. 이 둘은 전혀 다른 개념이다. 비전은 세상을 더 나은 방향으로 만들겠다는 고객과의 약속이고, 이를 위해 '어떤 제품을 언제까지 어떻게 만들어 어떠한 성과를 낼 것인지'는 목표다. 실무에서는 목표를 KPI(핵심성과지표)로 나타내기도 한다. 만약 OKR을 하고 있는 회사라면 'Objective'가 비전이며 'Key Result'가 목표라고 볼 수 있다. 다시 말해 **'목표'는 비전을 달성하기 위해서 어떤 숫자를 찍을 것인지, 우리가 만족할 수 있는 수준은 얼마만큼인지를 합의하는 것이다.** 예를 들어 '제품을 3개월 내에 출시한다' 또는 'CTR(Click-Through Rate, 온라인 광고 또는 제품 특정 버튼의 노출 수 대비 클릭 수를 나타내는 비율)을 10%p 증가시킨다' 같은 것이다.

비전 없이 목표만 있다면 대체 왜 그 숫자를 위해 일해야 하는지에 대해 답을 줄 수가 없다. 그러한 질문에 답을 주는 것이 바로 비전이다. 목표가 설득력을 갖기 위해서는 비전이 필요하다. 수평적 문화와 협업을 강조하는 스타트업에서는 팀원들이 리더에게 우리가 달성해야 하는 목표에 대한 근거를 요구하기도 한다. MZ 세대에게 '그냥 회사가 하라고 하니까'라는 식의 이유는 더 이상 동기부여가 되지 않는다. 리더는 팀원들에게 회사의 방향을 제시할 뿐 아니라 함께 만들고자 하는 미래가 무엇인지 대해 정확하게, 그리고 자주 설명해야 할 의무가 있다. 그런 의미에서 비전을 기반으로 목표를 설정하는 과정은 협업과 리더십 역량에도 큰 도움이 될 것이다.

따라서 비전은 목표를 세우기 전에 설정되어 있어야 한다. 비전을 세우고 난 후, 이 비전을 현실화하기 위한 구체적인 목표가 필요하다. 예를 들어 온·오프라인 클래스 플랫폼 '탈잉'의 비전은 'Every talent into content(모든 개인의 재능을 콘텐츠로)'이다. 그리고 이를 현실화하기 위해 '탈잉'이라는 소프트웨어 제품을 구현했다. 그렇다면 제품을 시장에 선보이는 순간 비전의 현실화가 끝난 것일까? 그렇지는 않다. 더 많은 사용자가 탈잉 앱을 다운받거나 웹에 방문하고, 수강 신청 수가 늘어나고, 튜터들이 강의를 열어 제품이 활성화되어야만 비전이 현실화되는 것이다. 그러므로 앱 다운로드 수, 수강 신청 수, 오픈 강의 수, 월 방문자 수 등을 구체적인 목표로 삼아야 하는 것이다. 이 목표를 달성함으로써 비전을 더욱 가시화하고 비즈니스를 확장해갈 수 있다.

목표를 설정하는
방법

─────── 비전은 한번 정해지면 쉽게 바뀌지 않는 반면, 목표는 기업에 따라 연, 분기, 월, 주 단위로 세워진다. 그리고 임직원들의 성과 평가에 가장 직접적인 영향을 미치는 것도 이 목표 달성 결과이다. 따라서 목표는 평가자와 피평가자 모두가 납득할 수 있어야 하는 기준으로 설정해야 한다. 목표 설정에 고려해야 할 것 5가지는 다음과 같다.

1. 비전

목표는 비전과 맞닿아 있어야 한다. 뱅크샐러드의 비전은 금융 정보의 비대칭성을 해결하는 것이므로, 더 많은 사람들이 자신의 소비 패턴에 맞는 신용카드를 더 많이 발급받도록 발급율을 n%p 올리겠다는 것은 적절한 목표다. 이는 비전을 현실화하면서도 동시에 의미 있는 비즈니스 성과를 도출해낼 수 있기 때문이다. 하지만 '디자인 리뉴얼을 통해 제품의 완성도를 올린다'는 목표는 비전을 현실화하는 것과 다소 동떨어져 보이기 때문에 구성원들을 설득하기 어렵다. 업무 목표로 그래픽 개선에 대한 의견을 개진하지만 비전을 달성하기 위한 그보다 더 시급한 일들이 많다면, 그래픽에 많은 비용을 쓰는 것은 우리가 할애할 비용 대비 큰 효과를 보지 못할 것이다. 따라서 그래픽 개선과 같은 리브랜딩 프로젝트는 비전이 이미 달성되었다는 내부적 확신이 있을 때 이뤄지는 것이 좋다.

2. 객관성

'디자인 리뉴얼을 통해 제품의 완성도를 올린다'는 것은 객관성도 매우 떨어지는 목표다. 제품의 완성도는 너무나 주관적인 기준이기 때문이다. 목표는 객관적이어야 하고, 숫자로 증명할 수 있는 것이 좋다. 따라서 구체적으로 조건을 세우자. 예를 들어, 뱅크샐러드 앱의 금융 데이터 연동률을 올린다면 어떤 기간 동안에 어떤 고객들을 대상으로 얼마나 올릴 것인지 구체적으로 정해야 한다. 이러한 기준이 있어야 실무진이 전략을 수행할 때 방향을 잃지 않고 타 부서와 깔끔하게 커뮤니케이션 할 수 있다.

3. 제품의 현재 위치

목표 숫자는 동기를 잃을 정도로 너무 높아서도 안 되지만 그렇다고 누구나 쉽게 달성할 수 있는 것을 목표로 삼아서도 안 된다. 첫 번째 고려해볼 포인트는 제품의 현재 위치를 기준으로 삼는 것이다. 우리가 더욱 성장하려면 현재 위치보다 더 나은 수치를 찍어야 한다. 만약 현황이 10% 정도라면 10% 이상을 찍는 것이 상식적이다.

4. 구성원과 리더의 자신감 지수(동기부여)

구성원과 리더의 자신감 지수도 고려해야 할 포인트다. 이는 객관적이라고는 할 수 없지만, 실제 업무를 이행할 사람들의 심리 상태가 프로젝트 성과에 영향을 미치기 때문이다. 예를 들어 목표를 10% 이상으로 찍는다고 했을 때, 13%로 만드는 것은 충분히 가능할 것 같다고 느끼지만 17%로 만드는 것은 거의 불가능하다고 느낀다면, 그 중간 지점인 15%를 목표로 삼는 것이다. 실제로 너무 낮은 지표나 너무 높은 지표는 사기를 저하시킨다.

5. 비즈니스 상황

마지막으로 현재 내부 비즈니스 상황을 고려해야 한다. 조만간 투자가 예정되어 있지 않은지, 타사 대비 경쟁력이 약한 지점은 없는지 확인해보자. 만약 동일한 기능을 제공하고 있는 타사의 지표가 15%라면 이보다 더 높은 목표를 찍고 이에 맞는 전략을 짜야만 의미 있는 성과로 평가될 수 있다. 또 투자가 예정되어 있다면 우리의 경쟁력을 증명하기 위한 수단으로 목표를 활용할 수도 있다.

이렇게 5가지의 조건을 모두 고려하면, 모두가 납득할 수 있는 목표가 세워진다.

비전과 목표가
실무진에게도 중요한 이유

비전과 목표를 설정하는 것은 비단 회사와 리더뿐만이 아니라 실무진 개개인에게도 매우 중요하다. 이 비전을 현실화하는 능력이 개인의 가치를 끌어올려주는 무기가 될 수 있기 때문이다. 특히 초기 단계 제품은 비전을 현실화하기 위해 많은 노력과 비용을 쏟는다. 이 시기의 회사는 고용한 임직원이 이것을 얼마나 현실화할 수 있는지를 중요한 평가 기준으로 삼는다. 비전을 현실화한다는 것은 곧 '제품을 세상에 선보이고, 고객을 통해서 세상에 인정받았음'을 의미한다.

리더로 시작하는 사람은 아무도 없다. 모든 이들의 시작은 실무진이다. 과거 연차 중심의 진급 또는 정치적 판단으로 진급할 수 있었던 전통적인 회사 내에서는 역량이 있는 이들도 기회를 얻기가 힘들었다. 반면 많은 스타트업에서는 역량만 있다면 그에 맞는 평가와 보상을 제공하기 위해 노력하고 있다. 따라서 개인이 자신의 역량을 증명할 수만 있다면 누구나 더 많은 책임과 권한을 가질 수 있는 것이다. 그러나 회사 구성원으로서의 역량은 어디까지나 회사의 비즈니스 상황과 니즈에 부합해야 한다. 즉 회사가 추구하는 비전을 이해하고, 이것을 제품으로 현실화하는 것이 가장 효율적인 성과 증명 방법인 셈이다.

다시 말하지만 제품을 론칭했거나 결과물을 만들었다는 사실 자체는 성과가 될 수 있겠으나, 역량을 증명한 것은 아니라는 사실을 명심하자. 모든 제품은 론칭이 끝이 아니며, 그 이후의 비즈니스 성과로 능력을 증명해야 하기 때문이다.

한 제품을 성장시키는 것은 하루아침에 이룰 수 있는 일은 아니니 너무 조급하게 생각하지 말자. 수많은 프로젝트를 진행하며, 그 과정에서 때로는 제품을 중단하기도 하고 제품이 만들어내는 크고 작은 실패와 성공 경험을 쌓아가다 보면 어느새 회사와 제품과 함께 성장한 자신의 모습을 발견할 수 있을 것이다.

나 역시 인턴 디자이너로 시작했고, 작은 프로젝트의 구성원 중 하나였다. 그러다 회사가 점점 바빠지면서 분기에 2~3개 이상의 프로젝트에 참여하고 주도해야 했다. 그 과정에서 회사가 추구하는 제품의 방향을 자세히 이해할 수 있었다. 물론 모든 프로젝트가 성공했던 것은 아니었다. 그러나 비전을 현실화하기 위해 수많은 프로젝트에서 팀원들과 함께 고민했던 과정들이 쌓여 신뢰를 얻을 수 있었다. 그리고 그 경험들과 신뢰를 바탕으로 '제품 총괄' 직책이라는 기회를 얻을 수 있었다.

따라서 본인이 참여한 프로젝트가 회사가 추구하는 제품의 비전과 얼마나 맞닿아 있는지 확인해보았으면 한다. 비전에 맞닿아 있는 목표 달성은 당신의 역량을 증명해줄 것이다.

Chapter 2. 핵심 요약

1. 비전은 고객에게 더 나은 삶을 약속하는 것이다.

2. 목표는 비전과 연관되어야 하며 객관성을 띠면서도 팀원과 비즈니스 상황까지 고려할 수 있어야 한다.

3. 성공적인 커리어패스를 위해서는 자신의 업무 목표가 회사 또는 제품의 비전과 맞닿아 있어야 한다.

Chapter 2. Mission

- 우리 회사 또는 제품의 비전은 무엇이고, 자신의 업무 목표는 무엇인지 점검해보자.

- 자신의 업무 목표가 비전과 동떨어져 있지는 않은지, 목표를 달성했을 때 충분한 동기부여가 되는 수준인지 살펴보자.

실무 프로세스
step 2.

: 제품 잠재력 분석

03

제품 잠재력 분석

잠재력 분석 방법 1. 고객 니즈의 크기 분석

잠재력 분석 방법 2. 고객 니즈의 빈도 분석

잠재력 분석 방법 3. 기존 유사 제품 분석

제품 잠재력
분석

_____ 우리의 제품이 얼마나 큰 비즈니스 가치를 만들어낼 수 있을지 가늠해보자. 한마디로 우리 제품으로 돈을 얼마나 벌 수 있는지 알아보는 것이다. 우리가 아무리 아름다운 비전을 설정하고 의미 있는 일을 하겠다고 선언하더라도 그걸 원하는 고객이 한 명도 없다면, 또는 원하는 고객이 너무 적다면, 사업을 지속할 수 있는 아이템이 아니라는 뜻이다. 따라서 사전에 비즈니스의 잠재력을 분석하고 가능성을 예측해보아야 한다. 잠재력을 분석하는 방법은 크게 3가지로 나뉜다.

잠재력 분석 방법 1.
고객 니즈의 크기 분석

———— 고객 니즈의 크기는 우리가 진출할 시장의 크기라고 볼 수 있다. 따라서 우리가 접근할 시장의 고객 니즈 크기가 어느 정도인지는 반드시 확인해보아야 한다. 시장의 크기가 클수록 우리 제품이 성장할 수 있는 크기도 크다는 것을 의미한다. 예를 들어 과거에는 문자 메시지 한 건당 돈을 지불해야 했고, 그것이 당연했다. 그러나 카카오톡과 같은 메신저 앱의 등장으로 인터넷만 있으면 무제한으로 메시지를 주고받는 것이 가능해졌다. 이를 마다할 고객이 누가 있겠는가? 지금의 카카오의 성공은 이미 그때 정해졌던 것인지도 모른다.

실무 사례

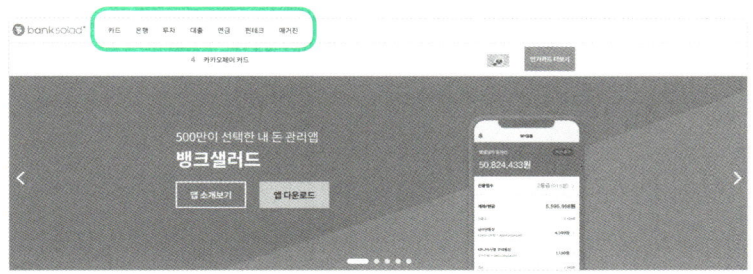

뱅크샐러드 웹 사이트 메뉴

뱅크샐러드에서 금융 상품을 추천하는 제품을 만들 때 예적금, 신용카드, 주식이나 펀드와 같은 투자 상품 등 여러 금융 상품 중에서 어떤 것을 먼저 설계할지 고민했던 때가 있었다. 사업을 지속하기 위해서는 웹에 많은 트래픽을 가져다줄 상품을 선택해야 했고, 그 과정에서 고객의 니즈가 큰 상품을 선택하게 되었다.

뱅크샐러드 웹을 살펴보면 상단 메뉴가 왼쪽부터 카드, 은행(예적금), 투자, 대출, 연금 순으로 나열되어 있다. 이 순서는 고객의 니즈가 큰 순으로, 이를 기준으로 고객에게 노출되도록 웹 사이트를 설계했다. 고객 니즈가 큰 금융 상품이란 일상에서 자주 상기되고, 상품을 발급받을 때 나이나 자산 규모와 같은 허들이 거의 없는 상품이라고 판단한 '카드'가 첫 번째 순서였다.

반면 '연금'이나 '대출'은 특정한 상황에 놓여야 니즈가 발생하는 금융 상품이다. 특별한 상황에 놓인 사람이 아니라면 일상에서 자주 언급되는 상품은 아니다. '투자' 상품은 일상에서 자주 언급되고 관심도도 높지만 시작하기 위해서는 사전 지식이 필요하고 발급을 받기에 허들이 존재하는 상품이다. 따라서 예적금과 신용카드에 비하면 대중성이 떨어졌다. 또한 금융 상품을 중개하는 입장으로서 리스크가 큰 상품이기도 했다.

신용카드와 예적금 중에서는 미성년자도 발급받을 수 있는 예적금이 더 대중적인 상품이었고, 고객의 니즈가 큰 상품으로 볼 수 있었다. 그럼에도 불구하고 카드를 먼저 추천하기 시작했는데, 여기에는 한 가지 더 고려해야 하는 점이 있었기 때문이다.

뱅크샐러드의 주요 비즈니스 모델은 금융 상품을 중개해줌으로써 발생하는 중개 수수료다. 따라서 제품을 사용할 고객 니즈의 크기뿐만 아니라, 금융 상품 정보를 제공하고 중개 수수료를 지불할 금융기관의 니즈 크기도 매우 중요한 포인트였던 셈이다.

예적금 중개는 금융기관의 니즈가 거의 없어 수수료를 얻을 수 있는 구조가 아니었다. 반면에 카드사는 신규 고객을 유치하는 것, 카드 발급량을 올리는 것에 대한 니즈가 매우 컸다. 아마 가전제품이나 스마트폰 구매 시 할인 적용 등의 혜택을 이유로 신용카드 발급을 권유받아본 경험이 있을 것이다. 또 마트 한 켠이나 사람이 많이 모이는 행사 자리에서 카드 발급을 권하는 모습도 쉽게 목격할 수 있다. 이는 곧 신규 고객 유치가 카드사의 핵심 니즈라는 뜻이다.

 이를 토대로 금융기관의 니즈가 크면서 동시에 고객의 니즈도 큰 대중적인 금융 상품으로 신용카드를 선정하게 된 것이다. 그런데 수수료를 얻기 힘든 예적금은 왜 여전히 2순위인가? 예적금은 뱅크샐러드가 돈을 벌 수 있는 아이템은 아니지만, 고객의 접근 허들이 낮고 대중적인 상품이었기에 니즈의 크기가 크다고 판단하였고, 뱅크샐러드라는 서비스의 존재를 알리는 마케팅 아이템으로 활용하기 위해 2순위로 진행됐다. 이렇게 고객 니즈의 크기를 기반으로 제품 구축에 주요한 의사결정을 내릴 수 있다.

잠재력 분석 방법 2.
고객 니즈의 빈도 분석

─────── 니즈의 크기와 함께 살펴봐야 하는 것은 해당 니즈가 얼마나 자주 발생하느냐, 즉 '니즈의 빈도'다. 고객이 일상에서 자주 상기하는 것일수록 제품에 방문하거나 구매하는 빈도가 더 높기 때문이다. 고객 니즈의 빈도를 통해 제품이 얼마나 활성화될 것인가, 다시 방문하고 구매하는 빈도가 얼마나 잦을 것인가를 예측해볼 수 있다. 특히 웹이나 앱과 같이 고객의 잦은 방문과 행동이 비즈니스 생존에 핵심인 소프트웨어 제품은 반드시 고려해야 할 부분이다.

실무 사례

핀테크 앱인 뱅크샐러드는 앱의 활성화를 위해 가장 먼저 '가계부'를 아이템으로 선정했다.

뱅크샐러드 서비스 화면

뱅크샐러드 앱의 주요 기능 중 비즈니스의 기반이 되어준 기능은 계좌, 카드, 증권 등 흩어진 금융 데이터를 모아 보는 '자산 통합 조회'와 수입과 지출을 간편하게 관리할 수 있는 '가계부'였다. 2019년 금융권 최대의 화두였던 오픈 뱅킹(은행의 송금·결제망을 표준화하고 개방해서 하나의 앱으로 모든 은행의 자산을 조회하고 이용할 수 있게 하는 금융 서비스) 사례만 보아도 알 수 있듯, '자산 통합 조회'는 경제활동을 하는 모든 이들의 니즈였다. 즉 니즈가 크다는 뜻이다.

반면에 가계부는 니즈의 크기가 크다고 볼 수는 없다. 가계부를 쓰는 사람은 꾸준히 쓸 확률이 높지만, 그렇지 않은 사람은 영원히 쓰지 않기 때문이다. 그럼에도 불구하고 가계부는 니즈의 '빈도'가 가장 잦을 것이라는 판단이 있었다.

돈을 관리하는 행위는 크게 1) 자산을 살펴보는 조회 행위, 2) 지출이나 투자를 관리하는 행위, 3) 자산을 불리기 위한 상품 가입 등의 증식 행위로 구분할 수 있다. 이 중 두 번째인 지출이나 투자를 관리하는 행위가 가장 잦고, 그중에서도 지출을 관리하는 행위가 투자 상품을 관리하는 행위보다 더 대중적인 행위다. 이런 배경으로 가계부를 첫 아이템으로 선정했다.

그리고 그 선택은 옳았다. 뱅크샐러드에 매일 접속하는 고객의 60% 이상이 가계부 사용자였다. 재방문율, 즉 리텐션(Retention) 지표를 크게 이끌어주는 고객들인 것이다. 리텐션은 탄탄한 독을 만들어주는 충성 고객을 판단하는 주요 지표다. 제품에 자주 방문하는 고객을 바탕으로 비즈니스에서 여러 실험과 성장이 가능하기 때문이다.

그렇다면 고객 니즈의 크기와 빈도를 판단하기 위한 정보는 어디에서 얻을 수 있을까? 업계 종사자를 직접 만나보거나, 통계청에서 해당 시장의 인구 총량 또는 시장 거래액을 살펴보자. 또 각종 보도자료를 참고해볼 수 있다.

먼저 업계 종사자 인터뷰를 통해 외부에선 알 수 없는 내부의 시스템과 해당 업계에 대한 이해를 높여보자. 나 또한 핀테크 앱을 기획하는 과정에서 각 금융기관의 관계자들을 만나왔다. 그들을 만나 금융 상품이 어떻게 만들어지는지, 어떤 상품들이 어떤 방식으로 고객에게 전달되는지 알 수 있었다. 은행 대출 심사 기준은 각 지점과 해당 직원의 재량으로 진행된다는 사실이나, 신용카드 발급은 온라인을 통해 직접 발급받았을 때와 카드 설계사를 통해 발급받았을 때 부가 혜택이 달라진다는 사실 등을 알게 되었다. 그리고 이러한 정보를 얻은 덕분에 고객들이 어떤 불편함을 겪게 되는지 더 잘 이해할 수 있었다.

통계청 조사는 가장 일반적인 리서치 방법이다. 이는 특정 시장의 크기를 알아보거나, 우리가 선정한 아이템이 얼마나 대중적인 것인지 가늠해보기 위해서 참고할 만하다. 핀테크의 경우 금융 상품의 거래액이나 상품 보유 사용자 수를 통해 고객 니즈의 크기를 가늠해볼 수 있다.

보도 자료는 동종 업계나 유사 서비스를 운영하는 기업의 가치나 매출액, 그리고 해당 기업의 비즈니스 방향을 참고하기에 좋다. 이는 제품 기획에 도움이 되는 것은 물론이고, 우리가 속한 비즈니스의 동향과 잠재력을 참고하기에도 좋다. 평소에도 자신이 설계하는 제품을 둘러싼 시장에 관한 보도자료를 챙겨 보는 습관을 가져보자.

책상에 앉아 알아낼 수 있는 정보는 한계가 있다. 이 3가지 방법 중 **가장 추천하는 방법은 업계 종사자를 만나보는 것이다.** 인터넷으로 누구나 알아낼 수 있는 수천여 가지 정보보다 실제 업계 이야기를 직접 들어보는 것이 비즈니스 판단에 더 중요한 역할을 할 것이다.

잠재력 분석 방법 3.
기존 유사 제품 분석

　　　　　이미 시장에 진입한 유사 제품을 분석해보자. 제품의 기능적인 측면을 스터디하고, 해당 제품이 가지는 비즈니스 성과(매출, 회원 수 등)와 앞으로의 잠재력을 파악해보기 위해서다. 또한 해당 제품을 운영하는 회사의 기업 가치도 살펴보자. 타사 제품의 비즈니스 성과와 기업 가치는 우리의 비즈니스 크기와 가능성을 가늠해보는 데 도움이 될 것이다. 만약 스타트업이나 신사업의 경우, 선보이고자 하는 제품과 유사한 제품을 전혀 찾아볼 수 없다면 국내에 한정하지 않고 해외 사례도 함께 살펴보자.

┤ **실무 사례** ├

민트의 서비스 화면

뱅크샐러드는 비즈니스와 제품 확장 전략을 고민할 때, 해외의 자산 관리 서비스인 '민트(Mint)'를 분석했다. 민트는 2006년 출범한 실리콘밸리 유니콘 기업으로 국내보다 10년 앞서 개인 자산 관리 비즈니스에서 큰 성공을 거뒀다. 민트는 지출 관리로 시작해 투자와 연금 관리를 포괄하며 개인 자산 관리 시장에서 입지를 넓혀왔다. 이는 가계부로 시작한 뱅크샐러드가 영감을 얻기에 충분한 지점이었다. 민트의 이러한 행보는 개인 자산 관리 비즈니스가 유니콘 기업으로 성장할 수 있다는 것을 의미했기 때문이다. 또한 타사 제품이 어떻게 구성되어 있는지 분석함으로써 우리 제품에 어떤 기능들을 추가할 수 있는지 모색할 수 있다. 이는 생각하지 못한 새로운 시장을 발견하는 계기가 될 수 있다.

　민트를 통해 지출 관리 외에도 재무 관리(투자, 연금 관리 등) 섹션으로 확장할 수 있다는 가능성을 알게 되었으나, 사실 이는 돈 관리 차원에서 일반적인 생각일 수 있다. 비즈니스를 보다 크게 키울 수 있는 아이템을 모색하기 위해 민트 외에도 10년 앞서 성공을 거둔 여러 해외 핀테크 제품들을 살펴보았다. 그중 '크레딧 카르마(Credit Karma)'와 '너드월렛(Nerdwallet)'이라는 유니콘 기업에 주목했다.

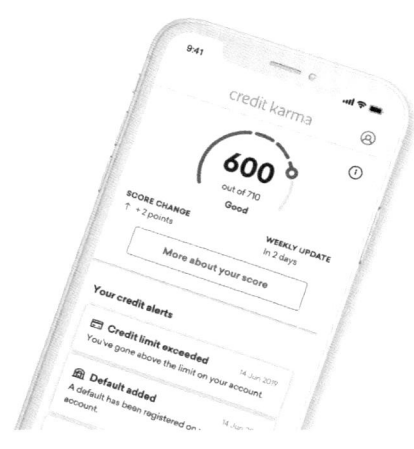

크레딧 카르마 서비스 화면

　크레딧 카르마는 신용 점수를 무료로 제공하는 것으로 시작하여 카드 추천 서비스로 발전한 제품이다.

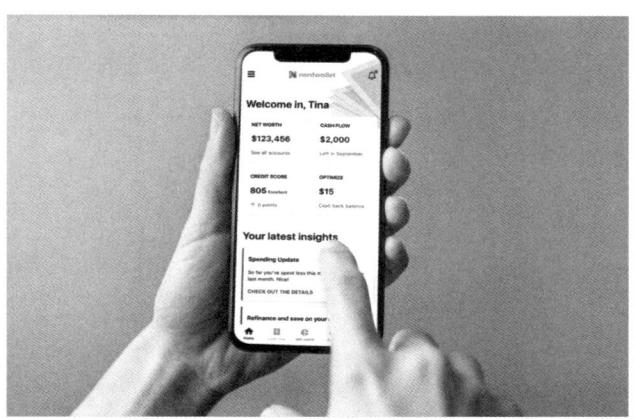

너드월렛 서비스 화면

너드월렛은 금융 콘텐츠 비즈니스로 시작하여 신용 관리와 자산 관리 서비스로 확장한 제품이다. 뱅크샐러드 웹 또한 콘텐츠 비즈니스로 확장하고, 앱은 신용 관리 서비스 론칭을 통해 시장을 확장했다. 이를 통해 단순히 보유 자산이나 수입·지출을 관리하는 사람들 이외에도 금융과 관련된 또 다른 니즈를 가진 고객을 유치하는 데 성공할 수 있었다.

이와 더불어 우리가 분석하고 있는 유사 제품의 실제 고객 반응을 살펴보는 것도 중요하다. 무엇 때문에 제품을 구매했는지, 왜 계속 그 제품을 사용하고 있는지 등 벤치마킹 포인트를 찾는 것이다. 반대로 불만족스럽거나 더 이상 그 제품을 사용하고 있지 않다면, 그 이유를 통해 우리가 그보다 더 나은 경험을 제공함으로써 우위를 선점할 포인트를 모색할 수 있다. 이를 확인하기 위해 타사 제품의 앱 스토어 리뷰는 물론이고 주요 커뮤니티에서 어떤 이야기를 주고받고 있는지도 참고해보자. 더 나아가 커뮤니티 유저에게 인터뷰를 요청해보는 것도 매우 좋은 방법이다.

추가로 업종에 따라 고려해야 될 것은 없는지도 점검해보자. 진출하고자 하는 시장, 그러니까 숙박업, 교육업, 금융업 등 해당 업계의 특성에 따라 추가로 고려해야 하는 것이 있다. 이는 앞으로 제품을 만드는 데 있어 발생할 여러 방해물을 예측할 수 있기 때문에 꼭 살펴보아야 하는 부분이다. 우리가 진출하고자 하는 업계에는 이미 오랜 시간 축적된 복잡다단한 레거시(Legacy)가 존재할 것이다. 금융처럼 오래된 시장은 정부 차원의 혁신이 필요하기도 하다. 이것이 때로는 우리 제품이 성장하는 데 크나큰 장애물로 느껴지기도 하지만, 그만큼 큰 성공을 경험할 기회라고 볼 수도 있다.

마지막으로 업계 종사자와 보도자료, 아티클을 통해서도 제품과 비즈니스에 필요한 정보를 얻어보자. 이 역시 업계 종사자를 통해 확인하는 것이 가장 효율적인 방법이다. 대외적으로 노출하지 않는 사실까지 알 수 있기 때문이다. 업계 종사자를 만난다면 한 사람만 만나기보다는 근무지, 나이, 성별 그리고 직급 등 각각 다른 조건을 가진 사람으로 최소 2~3명을 만나보자. 각자가 처한 상황에 따라서 보는 관점에 차이가 있을 수 있기 때문에 여러 관점에서 들어보고 그들 모두가 언급하는 공통된 사실에 주목하는 것이 좋다.

Chapter 3. 핵심 요약

1. 고객 니즈의 크기를 통해서 우리가 진출할 시장의 크기를 예측한다.
2. 고객 니즈의 빈도를 통해서 제품의 활성화 정도를 예측한다.
3. 타사 제품을 통해 우리 제품의 가능성을 예측한다.
4. 업종 특성에 따라 추가로 고려해야 될 것은 없는지 체크한다.

Chapter 3. Mission

- 고객 니즈의 크기와 빈도 분석, 그리고 타사 제품 조사를 통해 우리 제품의 비즈니스 잠재력을 분석해보자.
- 타사 제품과 비교했을 때 우리의 경쟁력은 무엇인지 점검해보자.

실무 프로세스
step 3.

: 고객 연구(1)

고객 연구
초기 구축 단계의 고객 연구
운영 단계에서의 고객 연구

고객 연구

　　　　　제품 설계에서 가장 중요한 단계다. 고객 연구는 우리가 진출하고자 하는 시장에 어떤 고객들이 있는지 이해하는 과정이다. 고객들이 처한 상황이 어떤지, 어떤 불편함과 필요성을 느끼고 있는지, 일반 고객을 충성 고객으로 만들기 위해서는 무엇을 해야 하는지 등을 알아내기 위한 필수 단계다. 그러나 여전히 많은 기업에서 고객을 이해하는 과정을 생략하는 경우가 많고, 또는 이해하는 방법을 잘 모르거나, 중요성에 공감하지 못하는 실무진도 많다. 그러나 고객 연구는 제품 기획에 필수적인 과정이다.

많은 이들이 고객경험을 설계하는 데 있어 UX 방법론을 꼭 알아야 하는지, 적용해야 하는지, 관련 학위가 필요한지를 궁금해한다. 당연히 그렇지 않다. 방법론은 백여 가지가 넘는데, 그 모든 것을 알아야만 또는 모든 것을 적용해야만 제품을 만들 수 있는 것은 아니다. 고객 연구와 경험 설계는 가장 중요한 파트이지만, 목적은 '제품을 성공시키기 위함'이지 방법론을 적용하기 위함이 아니라는 것을 기억하자.

옷을 만들 때 사람이 입는 것인지 동물이 입는 것인지를 알아야 적합한 옷을 만들 수 있는 것처럼, 고객 연구는 제품 설계의 당연한 과정 중 하나일 뿐이다. 결코 특별한 과정이 아니다. 그러나 이 중요성에 비해 실제로 우리의 고객이 누구이고 그들을 어떻게 해석해야 하는지에 대해 어려움을 겪는 이들이 많다.

초기 구축 단계의
고객 연구

제품이 초기 구축 단계에 있다면 꼭 진행해야 하는 연구 방법이 있다. 바로 '얼리어답터(Early Adopter)'를 만나는 것이다. 이들을 심층적으로 인터뷰해봄으로써 제품의 방향을 잡을 수 있다. 왜 얼리어답터의 말을 들어보아야 하는 것일까?

다음 장의 표는 특정 업계의 트렌드를 받아들이는 고객 분포도이다. 패션으로 예를 들어보면, 패션계 이노베이터(Innovator)는 런웨이를 통해서 패션의 트렌드를 주도하는 사람들이다. 이번 S/S 시즌은 호피를 유행시킬 것이라고 선언한다. 그러면 매 시즌 런웨이 패션을 연구하는 패션계 얼리어답터, 예를 들어 지드래곤과 같은 패션계에서 자타공인 인정받는 유명인, 패션 인플루언서, 또는 패션 업계 종사자들이 자신의 스타일로 이 트렌드를 해석하며 소화해낸다. 그 후 국내에서는 동대문 의류 시장을 중심으

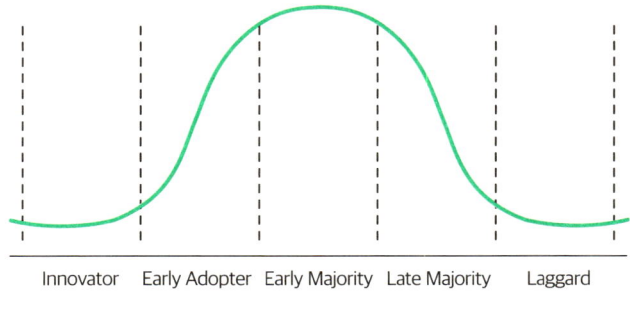

트렌드를 받아들이는 고객 분포도

로 패션계 얼리어답터의 스타일을 개량한 옷이 대량 생산된다. 그리고 이를 일반 대중인 메이저리티(Majority)들이 소비하기 시작한다. 일반 대중들이 이 트렌드를 널리 받아들이기 시작하면 비로소 '유행'이 시작되었다고 볼 수 있다.

그렇다면 여기서 레가드(Laggard)는 누구인가? 이들은 유행을 너무 느리게 받아들이거나 또는 받아들이지 않는 집단이다. 예를 들어 까만 터틀넥 티셔츠와 청바지를 고수하는 스티브 잡스나, 회색 티셔츠를 고수하는 마크 저커버그와 같은 사람들은 이번 시즌에 호피 무늬가 유행한다고 한들 전혀 관심을 가지지 않을 것이다. 이 집단은 우리가 포기해야 되는 고객군이다.

우리는 업계의 이노베이터가 될 것이다. 시즌 트렌드를 제시하고 유행을 만들어내는 런웨이 패션처럼. 다만 우리가 제시할 제품은 한 시즌을 풍미하고 사라지지 않고 오래 살아남는 것이 목표다. **살아남기 위해서 가장**

먼저 넘어야 할 첫 번째 산이 바로 얼리어답터다. 이들은 가장 먼저 우리의 제품을 사용하고 평가하여 대중들에게 알리는 역할을 해줄 것이다. 만약 그들의 평가 관문을 넘지 못한다면 일반 대중에게까지 전파되기란 쉽지 않을 것이다.

   가계부 앱을 만드는 상황을 가정해보자. 가계부를 10년간 꾸준히 사용해온 가계부 얼리어답터에게 우리 앱에 대한 피드백을 받았다. 그런데 그가 우리 제품이 가계부로서 가치가 없다고 평가한다면, 슬프지만 그 앱은 가계부 시장에서 외면받은 것이라고 볼 수 있다. 가계부 얼리어답터란 단순히 가계부를 오랫동안 써온 사람들이 아니라 가계부를 왜 쓰고, 어떻게 써야 하며, 무엇이 좋은 가계부인지에 대해 명확한 정의를 내릴 수 있는 사람들이다. 그런 이들에게 인정을 받지 못했다면 우리가 만든 앱은 '가계부'가 반드시 가져야 할 기본 속성이 무엇인지 이해하지 못한 것이다.

   그러니 우리는 얼리어답터의 생각을 이해하고 그들의 니즈를 파악해야 한다. 그들을 감동시킬 수 있어야만 일반 대중들에게 쉽게 도달할 수 있다. 이때 패션 업계의 이노베이터와는 달리 IT 이노베이터들은 얼리어답터를 감동시키는 것에만 그치는 것이 아니라, 일반 대중도 쉽게 영위할 수 있도록 제품을 개량하고 대중화하는 것을 동시에 해야 한다는 점이 중요하다. IT 제품은 쉽고 직관적인 것이어야 하기 때문이다.

얼리어답터 만나기

이제 우리가 해야 될 일은 명확해졌다. 우리가 만들어낼 제품의 얼리어답터를 만나보자. 그들을 만나 그들이 어떤 사람들인지 무엇을 원하는지 들어보자. 얼리어답터를 만날 수 있는 방법은 크게 3가지다. 첫 번째, 팀원이나 팀원의 지인을 만나보는 방법. 두 번째, 커뮤니티 등 온라인을 통해 연락하는 방법. 세 번째, 광고를 통해 모집하는 방법이다.

이 중 가장 큰 효과를 볼 수 있는 방법은 온라인 커뮤니티를 통해 직접 인터뷰를 요청해보는 것이다. 네이버나 다음 카페 외에도 활성화된 커뮤니티를 찾아 우리가 찾고자 하는 인물이 활동할 만한 게시판에 들어가보자. 예를 들어 카드 사용과 관련한 얼리어답터나 체리피커를 만나야 한다면 '뽐뿌'의 재테크 포럼이나 네이버 카페 '스사사(스마트컨슈머를 사랑하는 사람들)' 등 경제 관련 커뮤니티에 방문한다.

다음 이미지는 커뮤니티 뽐뿌의 '포럼' 카테고리다. 과연 이 수많은 커뮤니티 게시글 중에서 얼리어답터는 어떻게 찾는지 궁금할 것이다. 그들을 찾는 것은 그리 어렵지 않다. 커뮤니티 게시판에 닉네임이 반짝거리고 화려한 사람, 운영진이 아니지만 게시글이 공지 사항으로 올라와 있는 사람, 본인의 노하우나 좋은 정보를 정성스럽게 정리하여 연재하는 사람, 초보자의 글에 내공이 보이는 댓글을 달아주는 사람 등을 찾으면 된다. 그리고 그중 눈에 띄는 인물에게 접근하면 된다. 그가 당신이 찾고 있는 얼리어답터다. 한마디로 말해 그 방면에서 이미 유명 인사이거나 헤비 유저(Heavy

뿜뿜의 포럼 게시판

User)를 만나야 한다. 그들에게 이메일, 방명록, 댓글, 쪽지 등 연락할 수 있는 수단을 찾아내어 말을 건네면 10명 중 1명 비율로 답변이 올 것이다. 물론 인터뷰 일정을 위해 여유를 두고 미리 연락을 돌려두면 좋다.

이렇게 온라인으로 직접 발굴한 얼리어답터를 통해 많은 인사이트를 발견할 수 있다. 내가 상상했던 제품의 모습과 그들이 원하는 제품의 조건은 차원이 달랐다는 걸 깨닫게 될 수도 있다. 만약 이것을 경험한다면 좋은 시그널이다. 우리는 진정한 얼리어답터를 만나 우리 시장과 고객이 처한 상황을 최대한 많이 받아들여야 한다.

이렇게 찾은 사람이 정말 얼리어답터인지 알 수 있는 가장 중요한 포인트는 '노하우'가 있느냐다. 예를 들어 가계부의 경우 대부분의 사람들은 '가계부를 쓰는 것이 힘들고 귀찮다' 정도의 불만을 가지고 있지만, 얼리어답터는 가계부를 더 편하게 쓰고 더 정확하게 관리하기 위한 솔루션을 이미 구매했거나 심지어는 스스로 만들어내서 사용한다. 즉 문제를 해결하는 나름의 노하우를 가지고 있다는 뜻이다. 그 정도의 애착을 가진 사람이어야 얼리어답터로서 우리에게 시장과 고객에 대한 인사이트를 줄 만한 인물, 즉 우리를 가르쳐줄 수 있는 고객, 다시 말해 '티칭 커스토머(Teaching-Customer)'라고 할 수 있다. 따라서 인터뷰 전에 현재의 문제점을 해결하기 위한 솔루션을 가지고 있는지, 어떤 노하우가 있는지를 꼭 확인해보자.

새로운 프로젝트를 추진할 때마다 반드시 각 아이템의 얼리어답터를 만나보아야 한다. 예를 들어 카드 추천 서비스를 기획한다면 체리피커, 대출 서비스를 기획한다면 1년에 3회 이상 대출이 필요한 사람, 적금 서비스라면 국내 모든 은행의 금리를 비교해보고 선택하는 이른바 '금리 사냥꾼' 같은 사람들을 만나보는 것이다. 만약 인터뷰 초심자라면 몇 명을 만날 것인지 미리 정해두기보다 얼리어답터 조건에 부합하는 사람이라면 가리지 않고 만나보는 것을 추천한다. 그들과의 대화를 통해 머릿속에 빅데이터가 쌓이고, 그것이 모두 우리의 자산이 될 것이다. 그리고 이는 제품을 운영하는 데 중요한 이정표가 되어줄 것이다.

얼리어답터를 만족시켰느냐 그렇지 못했느냐에 성패가 갈렸던 큰 사건을 경험한 적이 있다. 가계부 앱을 기획하던 당시, 처음으로 선보였던 첫 제품은 운영을 중단했다. 고객에게 외면당했기 때문이다. 그 후 가계부를 오랜 기간 사용해온 사람들을 닥치는 대로 만나기 시작했다. 그들을 분석하고 이해하고 해석해낸 후에 만들어낸 세 번째 제품으로 시리즈 C 투자까지 받을 수 있었다.

첫 번째 가계부 앱이 실패했던 이유는 '우리가 생각하는 가계부'를 만들었기 때문이다. 가계부는 지루하고 재미없는 영역이었고, 이를 깨부수는 쿨한 가계부를 만들고 싶었다. 그리고 대중들이 이 방향에 공감해주길 바랐다. 그러나 가계부에 대한 본질적인 이해가 턱없이 부족했다. 심지어 제품 기획에 참여하는 모든 이들이 가계부에 대한 경험이 없었다.

실패를 경험한 후 그제서야 가계부 헤비 유저들에게 가계부를 왜, 어떻게 쓰고 있는지 물어보았다. 나이, 성별, 결혼 및 자녀 유무, 학력, 직업, 자산 규모 등 프로필과 라이프스타일이 모두 다른 사람들의 이야기를 듣고 나니 가계부는 '지출을 통제하여 자산을 증식시키기 위해서 작성한다'는 걸 깨달았다. 가계부는 재미있어야 하는 것이 아니라, 더 편리하게 더 혁신적으로 지출을 통제할 수 있게 해주는 것이 핵심이었던 것이다.

물론 얼리어답터의 인터뷰를 그대로 제품에 반영해서도 안 된다. 그들

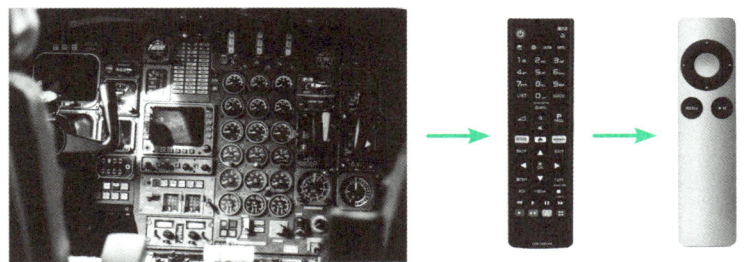

복잡한 고객 니즈를 대량화하고 개량화하자

은 자신들이 오랜 기간 학습하고 경험한 방대한 정보를 쏟아낼 것이다. 그리고 그 속에는 정신이 아득해질 정도로 구체적이고 다양한 니즈와 노하우가 담겨 있을 것이다. 그들의 모든 의견을 제품에 담으려고 했다간 제품이 '키메라' 같은 모습이 되어버릴 수 있다.

얼리어답터의 니즈를 한꺼번에 담으려고 노력한 제품은 필연적으로 '비행기 조종석'과 같은 복잡한 형태를 띠게 된다. 앞서 언급했듯이 IT 이노베이터인 우리는 얼리어답터를 감동시키는 것과 동시에 일반 대중인 메이저리티도 쉽게 이용할 수 있도록 개량화, 대중화할 의무가 있다. 따라서 얼리어답터들이 쏟아낸 요구 사항을 모두 반영한 비행기 조종석에서 가장 근본적인 기능이 무엇인지 추려내야 한다. **'가장 많은 사람들이 쓸 기능은 무엇인가? 그리고 가장 자주 쓸 기능은 무엇인가?'**에 대한 답을 찾아보자. 그렇게 비행기 조종석 같은 고객 니즈를 텔레비전 리모컨 수준으로 단순화해보자. 여기에 애플 리모컨처럼 직관성과 조형미까지 갖춘다면 형태만으로도 얼리어답터와 메이저리티 모두를 감동시키기에 충분해진다.

┤ 실무 사례 ├

뱅크샐러드 웹은 3천여 개의 카드 데이터를 정규화하여 카드 추천 서비스를 설계했다. 설계 당시 어려움을 겪었던 부분은 '어떻게 하면 방대한 신용카드 정보를 체리피커를 만족시키면서 초심자들도 이해할 수 있는 수준으로 제공할 수 있는가'였다. 실제로 카드 정보 상세 페이지를 구조화하기까지 수십 가지의 디자인 시안을 만들어야 했다.

   카드와 관련된 정보는 한 화면에 다 담을 수 없을 정도로 많았다. 심지어 카드사마다 혜택의 형태가 너무나 달랐다. 이 정보들을 꾸역꾸역 전부 담는다고 한들 그것을 이해할 수 있는 사람도 소수였고, 매번 새로운 카드가 나오거나 혜택이 바뀔 때마다 디자인과 개발 비용을 들일 수도 없는 노릇이었다. 개발 효율을 위해 모든 경우의 수를 담을 수 있는 틀을 설계하면서 동시에 모든 스펙트럼의 고객이 쉽게 이해할 수 있어야 했다. 방대한

데이터를 다뤄야 하는 업종에서 자주 직면하는 상황이다.

처음에는 체리피커나 카드 전문가 같은 얼리어답터의 의견에만 매몰되어 모든 정보를 한 화면에 담는 것에 급급했다. 수십 번의 피드백과 반복되는 디자인 수정에 지쳐가던 중, 궁극적으로 얼리어답터만의 제품이 되어선 안 된다는 생각이 스쳤다. 누구나 한눈에 카드 정보를 이해할 수 있어야 하고, 사람들이 정보를 더 잘 이해할수록 더 많은 카드가 거래될 것이었다. 프로젝트에서 가장 중요한 사항을 놓쳤던 것이다.

얼리어답터에게 다시 물어보았다. 실제로 카드를 발급할 때 반드시 확인해야 하는 정보의 우선순위를 알아내는 것을 목표로 인터뷰를 진행했고, 이를 기준으로 제품을 다시 설계해보았다. 결과적으로 얼리어답터와 메이저리티 모두가 필수로 확인해야 하는 정보는 메인에 노출시키고, 여기에서 한발 나아가 더 많은 정보를 확인하고 싶은 얼리어답터가 상세 정보를 쉽게 찾을 수 있도록 구조화했다.

비행기 조종석에 있는 기능은 모두 필요한 기능이다. 그러나 모든 기능이 모든 사람에게 자주 필요한 건 아니다. 그렇다면 모든 기능을 한 화면에 욱여넣기보다, 해당 기능을 필요로 하는 사람이 필요할 때 쉽게 찾아낼 수 있도록 설계하는 것이 더 중요하다.

운영 단계에서의
고객 연구

운영 단계에서 고객의 목소리를 듣는 방법은 크게 4가지다. 이 중 이미 진행하고 있는 부분도 있을 것이다. 이 4가지는 제품을 운영하는 과정에서 상시로 살펴보아야 한다.

1. 인터뷰

인터뷰는 고객 연구에서 가장 효과적인 방법으로 실제 실무에서 주기적으로 진행하기를 권한다. 회사에서 분기별로 목표와 프로젝트를 구성한다면 분기 시작 전 또는 마무리 단계에서 진행하는 것도 좋다. 고객 인터뷰는 새로운 제품을 구축해야 하는 상황에서 시장과 고객을 이해하고자 할 때 또는 기존 제품의 개선 사항을 발굴하고 이로부터 새로운 방향을 설정할 때 힌트를 얻을 수 있다.

2. 앱 스토어 리뷰 또는 CS 문의

제품을 출시한 후 앱 스토어 리뷰 또는 고객 문의를 통해 실제 사용한 고객들의 목소리를 듣는 것은 가장 일반적인 방법이다. 고객 문의는 주로 칭찬보다는 불편 사항이나 불만에 대한 이야기가 많다. 하지만 여기에서도 제품 운영 방향의 힌트를 얻을 수 있다. 불평불만의 목소리라고 하더라도 자발적으로 리뷰나 문의를 남겼다는 것은 우리 제품에 관여도가 높은 헤비 유저의 목소리일 가능성이 크다.

─┤ 실무 사례 ├─

앱 스토어 리뷰를 살펴보면 기능 개선, 새로운 기능 제안, 버그 신고가 눈에 띈다. 이러한 글을 남긴 사람들이 헤비 유저일 가능성이 높다면, 이 의견들을 모두 제품에 반영해야 하는 것일까? 그렇지 않다. 모든 고객의 의견을 반영하는 것이 의미가 있는 특수한 상황이 아니라면 무조건적으로 고객의 의견을 제품에 반영하는 것은 피해야 한다. 고객 한 사람의 목소리가 전부를 대변하는 것이 아니다. 즉, 그의 의견이 항상 정답일 수 없으며 비용 대비 비즈니스 효과가 떨어질 수 있다. 또한 A가 좋다는 고객이 있다면 A가 싫다는 고객도 있기 마련이다.

그렇다고 이런 문의를 무시할 수도 없다. 그럼 이 문의를 어떻게 판단하고 활용해야 할까? 이때는 CS팀과의 긴밀한 협업이 필요하다. 해당 문의가 전체 문의 중 얼마나 자주 들어오는 것인지 정량적인 수치를 내고, 동시에 해당 문의가 모든 고객에게 영향을 미치는 수준의 불편함인지 정성적인 판단까지 CS팀에서 할 수 있어야 한다. 만약 CS팀이 없거나 해당 팀에서 이것을 판단할 역량이 부족하다면 제품 리더 또는 프로젝트 리더가 이를 판단할 수 있어야 한다.

그러나 고객이 제품을 사용할 수 없는 수준의 크리티컬한 문제, 즉 앱을 이탈하거나 별점 테러가 일어날 수 있는 등 제품 성장에 직격탄이 될 수 있는 문제라면 이런 일련의 판단 과정을 거치지 않고서 즉각 해결해야 한다. 예를 들어 "앱이 갑자기 꺼져서 쓸 수가 없어요!"라는 문의는 즉각 해결이 필요하다. 고객이 제품을 쓰지 못하는 크리티컬(Critical)한 문제이기 때문이다. 하나의 문의가 들어왔을 때, 동일한 문제를 최소 수십, 수백 명이 겪을 수 있다고 생각하면 앱 활성화를 방해하는 버그를 우리 스스로 유지하고 있을 필요가 없다.

반대로 새로운 기능에 대한 건의나 개선 아이디어는 문의량과 빈도를 통해 개발 우선순위를 판단하면 된다. 그중에서 비즈니스적으로 이점이 큰 아이디어, 예를 들어 고객이 만족하면서도 매출을 올릴 수 있거나, 더 많은 고객을 유치할 수 있을 것으로 보이는 아이디어는 우선순위를 올릴 수 있다. 물론 고객에게서 이런 아이디어를 얻는 것은 흔한 일은 아니다. 대부분의 아이디어는 제품이 일정 궤도에 올랐을 때 추가해봄직한 백로그(Backlog) 수준의 아이디어일 것이다. 이를 잘 정리해두고 제품 운영 계획을 세울 때 참고해보자.

3. 커뮤니티 등 SNS 여론

온라인 여론을 통해 고객들의 목소리를 확인해보자. 물론 이 경우는 제품의 인지도가 어느 정도 확보되었을 때 가능한 방법이다. 따라서 초기 단계의 제품에는 적용되지 않는다. 관련 커뮤니티 게시판이나 트위터, 페이스북, 유튜브 등 고객들이 제품을 어떻게 소개하고 있는지, 그 소개 내용에 대해서 다른 고객들은 어떤 반응을 하고 있는지 살펴본다. 그들이 우리 브랜드를 어떻게 인식하고 있는지, 실제 고객들은 어떤 포인트를 제품의 장점이라고 생각하는지 파악하는 것이다. 이를 통해 마케팅 측면에서 주요 후킹 문구의 힌트를 얻을 수 있고, 브랜드 인지도를 가늠해보거나 제품 프로모션 사이트를 제작하는 데 소스를 얻을 수 있다.

4. 마케팅 성과

마케팅 성과를 통해 제품 설계의 힌트를 얻어보자. 이는 특히 매출이 중요한 프로젝트에서 빛을 발한다. 예를 들어 SNS에 집행된 광고 중 전환율이 가장 높은 광고가 무엇인지를 파악한다면, 매출과 직결된 제품을 설계할 때 해당 광고에 사용된 문구나 디자인을 응용해볼 수 있다.

또 특정 콘텐츠를 노출시킬 때 광고에서 가장 효율이 좋았던 콘텐츠를 기반으로, 고객들이 잘 볼 수 있는 곳에 위치시킬 수도 있다. 여기서 '효율이 좋았다'의 의미는 광고를 클릭한 뒤 제품을 다운받거나 구매하는 고객의 비율이 높았음을 의미한다. 효율이 좋은 콘텐츠는 고객의 니즈가 분명하고 흥미를 자극하는 콘텐츠임이 검증된 셈이다.

예를 들어 앱 스토어 미리보기 이미지를 결정할 때도 마케팅 성과를 보면서 최적화 과정을 거칠 수 있다. 어떤 이미지를 올렸을 때 다운로드율이 올라가는지 비교해보면서 높은 비율을 유지하는 화면으로 확정하는 식이다. 어떤 경우는 보기 좋게 디자인된 화면보다 단순한 스크린샷을 올렸을 때 다운로드율이 올라가기도 한다. 이렇듯 마케팅 성과를 통해 고객의 니즈를 간접적으로 이해하고 이를 제품 지표 개선에 잘 활용해보자.

'고객 연구'라는 단어는 거창해 보이지만, 사실 고객이 어떻게 제품을 느끼고 있는지를 측정해보는 꾸준한 업무 습관에 가깝다. 이 4가지 방법들은 가장 기본적인 접근 방법이니 업무에 꼭 적용하여 각자의 상황에 맞는 루틴을 만들어보자.

Chapter 4. 핵심 요약

1. 초기 구축 단계에서는 얼리어답터를 만나 그들의 노하우를 배운다.

2. 얼리어답터의 노하우를 대중이 이해할 수 있도록 쉽게 풀어내야 한다.

3. 주기적으로 고객 인터뷰, CS 문의, 인터넷 여론, 마케팅 성과를 확인하여 고객의 목소리를 확인한다.

4. 고객의 모든 의견을 제품에 반영하지 않고 빈도, 양, 크리티컬 정도를 종합적으로 판단하여 결정한다.

Chapter 4. Mission

- 초기 구축 단계 : 우리가 만족시켜야 하는 얼리어답터는 누구인지 정의해보자.

- 운영 단계 : 지금까지 접수된 고객 문의 중 어떤 문의 사항을 언제, 어떻게 제품에 반영할 것인지 의사결정을 해보자.

실무 프로세스
step 3.

: 고객 연구(2)

고객 인터뷰 진행하기
1단계 : 인터뷰 개요 작성
2단계 : 인터뷰이 모집
3단계 : 질문지 작성
4단계 : 인터뷰 진행
5단계 : 인터뷰 회고 및 결과 분석

고객 인터뷰
진행하기

고객 인터뷰는 고객을 알 수 있는 가장 효과적인 방법이다. 하지만 실무진 입장에서는 인터뷰가 생소한 업무로 느껴질 수 있다. 고객을 언제 어떻게 만나며, 고객을 만나면 어떻게 해야 할까?

인터뷰는 크게 5가지 단계로 진행된다. 1) 인터뷰 개요를 작성하고, 2) 인터뷰이(Interviewee, 인터뷰 참여자)를 모집하고, 3) 어떤 질문을 할 것인지 구체화하고, 4) 그들을 만나 인터뷰를 진행한 뒤, 5) 결과를 분석하는 것이다. 한 단계씩 차근차근 살펴보자.

1단계 :
인터뷰 개요 작성

_____ 인터뷰 개요에 포함되어야 하는 내용은 다음과 같다.

1. 목적
2. 기간
3. 장소
4. 소요 시간
5. 인터뷰이 조건
6. 사례금
7. 진행자/서기
8. 준비물

인터뷰를 진행하기 전, 인터뷰의 목적을 정의하는 것을 시작으로 우리에게 주어진 시간과 비용을 따져 인터뷰 개요를 작성해보자. 개요를 미리 잘 정리해두면 인터뷰 진행 중 선로 이탈을 예방할 수 있음은 물론, 함께 일하는 팀원들에게 '왜 인터뷰를 해야 하는지', '어떤 고객을 만나보아야 하는지' 등에 대해 답변을 줄 수 있기에 협업과 커뮤니케이션에도 도움이 된다.

인터뷰어(Interviewer, 인터뷰 진행자)인 우리에게 중요한 것은 '왜 인터뷰를 해야 하는가', 즉 인터뷰의 목적을 명확히 하는 것이다. 인터뷰의 목적이 정해지면 원하는 결과를 얻기 위해 어떤 인터뷰이를 만나보아야 하는지 명확하게 선정할 수 있다. 만약 초기 구축 단계에서 방향을 잡기 위한 인터뷰라면 인터뷰이는 얼리어답터가 될 것이다.

⊣ 실무 사례 ⊢

다음은 가계부 앱을 구축하는 단계에서 실제로 작성했던 인터뷰 개요다. 가장 먼저 목적과 기간을 작성했다. 당시 앱 구축 단계였기 때문에 가계부 헤비 유저, 즉 얼리어답터를 만나 그들을 이해하는 것이 인터뷰의 목적이었다. 따라서 인터뷰이의 필수 조건을 '가계부를 10년 이상 꾸준히 사용한 사람'으로 선정했다. 가계부 앱 설계를 위한 인터뷰였지만 인터뷰이를 가계부 앱 사용자로 한정하지 않고, 수첩에 수기로 작성하는 사람, 엑셀을 사용하는 사람, 컴퓨터 프로그램을 사용하는 사람 등 최대한 다양한 형

목적	가계부 앱 기획을 위한 가계부 헤비 유저 탐색 인터뷰
기간	2020. 1. 13(월) ~ 2020. 1. 24(금) (2주간, 주말 제외)
인터뷰이 조건	• 필수 조건 : 가계부 헤비 유저, 최소 10년 이상 가계부를 사용 중인 분(수기, 앱, 엑셀 무관) • 선택 조건 : 1인 가구, 개인 사업자, 기혼자, 자녀 유무
장소	강남 사무실 또는 서울 내 인터뷰이가 희망하는 장소(카페 등)
소요 시간	최대 2시간
사례금	시간당 2만 원 문화상품권, 사무실 방문 시 교통비 2만 원 추가 지급
인터뷰 진행자	진행자 1명, 서기 1명

인터뷰 개요 예시

태로 만나보았다. 또한 가계부 사용에 영향을 미칠 조건들, 예를 들어 1인 가구인지 사업자인지 자녀가 있는지 등을 선택 조건으로 설정하여 가계부 헤비 유저 내에서도 다양한 프로필의 인터뷰이를 만나볼 수 있도록 했다.

　인터뷰이 모집 시 한 가지 팁은, 우리처럼 제품을 만드는 사람, 쉽게 말해 제품 기획을 업으로 삼고 있는 사람은 인터뷰 대상자에서 제외하는 것이다. 이들은 제품을 사용하는 고객의 입장보다는 제품을 만드는 공급자의 시각에서 의견을 내기 쉽다. 그렇기 때문에 우리가 기존에 의도했던 고객의 현실(어떤 불편함을 겪고 있는지, 어떤 니즈를 갖고 있는지 등)을 이해하는 기회를 얻기 어렵다. 아마도 고객 인터뷰 시간이 제품의 기획 회의 현장이 되어버리는 당황스러운 상황을 맞닥뜨릴지도 모른다. 고객 인터뷰는 어디까지나 '공급자'의 입장보다 '고객'의 입장에서 그들이 처한 상황과 그 속에서의 생각을 이해하는 것이 핵심임을 잊지 말자.

물론 인터뷰 목적에 따라 업계 전문가를 모집할 수도 있다. 대출 상품을 추천하는 서비스를 기획한다고 가정해보자. 대출 시장을 이해하기 위한 인터뷰를 진행할 때, 업계 전문가에게 얻을 수 있는 정보와 일반 고객에게서 얻을 수 있는 정보는 차이가 있다. 대출 상품이 어떻게 만들어지고, 어떻게 고객에게 공급되는지에 대한 업계 행태를 이해하기 위해서는 은행, 증권, 보험사 등 대출 상품 공급자, 즉 업계 전문가를 만나는 것이 효과적이다.

반면 자금이 필요할 때 금융사를 직접 방문하여 대출 상품을 신청하고, 신용을 조회하여, 금융사에게 한도와 금리를 통보받아본 고객이 들려줄 수 있는 이야기는 전혀 다를 것이다. 따라서 현재 우리의 (잠재)고객이 어떤 문제 의식을 가지고 있고, 우리가 무엇을 해결해주길 원하는지 알고 싶다면 일반 고객들을 만나보아야 한다. 이처럼 인터뷰에서 얻고자 하는 것이 무엇이냐를 기준으로 인터뷰이의 조건을 설정해보자.

인터뷰이 조건을 설정했다면 인터뷰 장소, 소요 시간, 인터뷰이에게 지급할 사례금 그리고 인터뷰 진행자와 서기를 정하자. 인터뷰 장소는 회사 사무실에서 진행하는 경우가 일반적이다. 그러나 인터뷰이가 사무실 방문이 어렵다면 인터뷰이가 원하는 장소에서 진행하는 것도 좋다. 특히 인터뷰이가 직장인인 경우 평일 시간을 할애하기 어렵다. 그럴 땐 인터뷰이의 편의에 맞춰 점심시간 직장 근처나 퇴근 후 자택 근처의 카페에서 진행해보자. 인터뷰 참여율도 높아지고, 인터뷰이에게 익숙한 환경이니 보다

편한 분위기에서 인터뷰를 진행할 수 있을 것이다.

고객 인터뷰는 되도록 고객과 직접 대면하는 것을 추천한다. 그러나 인터뷰이가 지방이나 해외에 있는 경우, 또 팬데믹과 같은 상황에서는 대면 인터뷰 진행이 불가능할 것이다. 이럴 땐 서면(온라인 설문 조사 등)보다는 전화를, 전화보다는 화상 통화를 추천한다. 시간과 장소에 구애받지 않는 원격 인터뷰의 장점을 살려, 짧게 자주 인터뷰를 진행해보는 등 인터뷰 진행 방식을 주어진 상황에 맞게 설계해보자.

인터뷰 소요 시간은 1시간이 이상적이다. 그러나 인터뷰 진행이 능숙해지기 전에는 여러 질문을 던져보는 연습이 필요하고, 대화 내용이 길어지는 경우가 있으므로 보수적으로 2시간으로 잡고 안내하는 것을 추천한다. 2시간을 초과할 경우 인터뷰에 참여한 모든 사람이 지칠 수 있으니 시간 분배에도 신경을 쓰자.

사례금은 시간당 2만 원의 문화상품권 또는 현금을 추천한다. 예산이 충분하다면 사무실 방문 시 추가 교통비를 지급하는 등 사무실 방문을 유도하는 것도 우리의 시간을 아끼는 좋은 방법이다. 물론 매우 간단한 인터뷰의 경우 기프티콘을 제공할 수도 있다. 그러나 인터뷰이는 사용처가 애매한 기프티콘을 선호하지 않는다. 사례금은 인터뷰 참여율에 가장 큰 영향을 미치는 요인이니 우리가 진행하는 인터뷰의 형태와 주어진 예산 등을 참고하여 선정해보자.

이제 이 개요를 바탕으로 인터뷰이 참여 요청 설문지를 작성해보자. 별도의 유료 업체를 이용하지 않아도 '구글 설문 폼'으로 충분하다.

1. 인터뷰 진행 주체 소개와 인터뷰 내용 소개

> **[인터뷰이 모집] 대출이 잦고, 신용도에 민감하신 분의 이야기를 들려주세요.**
>
> 안녕하세요 뱅크샐러드 제품책임자 박지수입니다.
> 사용자에게 더 편하고 유용한 자산관리 서비스 제공을 위해, 다음 주부터 2주간 고객 인터뷰를 진행합니다.
> 아래 안내 내용을 참고하시어 관심있으신 분들의 많은 참여 부탁드립니다 :)
>
> [인터뷰 참여 리워드]
> - 문화상품권 2만원을 지급해 드리며, 뱅크샐러드 사무실 방문 시 교통비 포함하여 총 4만원의 보상을 지급합니다.
>
> [인터뷰 방식]
> - 7월 17일 화요일부터 2주간
> - 대면 또는 전화 인터뷰로, 약 1시간 정도 소요
> *인터뷰를 위해 미리 준비하셔야 할 것은 없으며 대출 및 신용과 관련한 평소 관리법에 대해 편하게 이야기 해주시면 됩니다. (인터뷰 내용은 제품개발팀 내부에서만 활용됩니다.)
>
> [인터뷰이 조건]
> 1) 연 1~2회 이상 꾸준히 대출을 신청하며 신용등급에 민감한 사람
> 2) 성별, 나이, 직업, 뱅샐 사용 여부와 무관하며 본인 이외의 지인 소개 가능

2. 이름과 연락처

> Email address *
>
> _____
>
> 1. 성함과 연락처를 작성해주세요. *
>
> _____

응답자가 실수로 연락처를 잘못 입력했다면 달리 연락할 수 있는 방법이 없어진다. 이를 대비하여 설문지 설정을 '이메일 수집 기본'으로 지정해 둘 수 있다.

3. 인터뷰이 조건 여부 확인

> 2. 해당 조건을 모두 선택해주세요. *
> ☐ 매 년 대출 1~2회이상 신청하시는 분
> ☐ 신용조회 유료 서비스(KCB, NICE 등) 이용자
> ☐ 일주일에 1~2회 이상 신용 조회 하시는 분
> ☐ 자영업자
> ☐ 기혼자

인터뷰하고 싶은 인터뷰이의 조건을 최대한 구체적으로 입력하는 것이 좋다. 응답자가 복수 선택할 수 있도록 선택지를 제공하고, 모든 조건에 부합하는 응답자를 우선으로 연락을 취해보자. 단, 응답자가 거짓 응답을 하거나 또는 선택하기 애매한 경우에도 조건에 부합한다고 응할 수 있으니 인터뷰 전 간단한 전화를 통해 실제 조건에 부합하는 사람인지 재확인하는 것을 추천한다.

4. 인터뷰 형태 선택

> 3. 가능한 인터뷰 형태를 선택해주세요. *
> 인터뷰 참여 보상은 2만원이며, 뱅크샐러드 사무실 방문 시 교통비 포함하여 4만원의 보상을 지급합니다.
> ☐ 전화 인터뷰
> ☐ 대면 인터뷰 (서울 내 직장 또는 자택 인근 카페)
> ☐ 대면 인터뷰 (레이니스트 사무실)
> ☐ Other: _____

인터뷰는 되도록 오프라인에서 직접 만날 수 있는 '대면 인터뷰'를 추천한다. 그러나 대면이 어려운 상황을 대비하여 전화 인터뷰 또는 화상 통화를 옵션으로 추가한다. 고객 인터뷰는 고객의 상황을 이해하는 '탐색 인터뷰'이니, 설문지 배포와 같은 서면 인터뷰는 권하지 않는다. 100명 이상의 모수가 필요한 정량적인 조사가 아니라면 고객을 직접 만나는 것이 가장 효과적이다. 따라서 가급적이면 일대일로 직접 만날 수 있는 응답자에게 연락을 취해보자.

5. 지속적인 인터뷰 가능 여부

4. 지속적인 인터뷰 참여가 가능하신가요? 뱅크샐러드 인터뷰이가 되시면 매 인터뷰 참여마다 리워드는 물론 나의 의견이 뱅크샐러드 서비스 기획에 직접 반영됩니다. *
인터뷰는 최대 연 3회 요청드릴 수 있고, 가능한 시기에 참여해주시면 됩니다.

○ 지속적으로 참여하겠습니다
○ 이번만 진행하겠습니다
○ Other:

간혹 인터뷰 진행에 매우 협조적이며 우리 제품에 대해 인사이트를 주는 티칭 커스토머를 만나기도 한다. 이들은 제품을 개선하는 과정에서 꾸준히 좋은 피드백을 줄 수 있다. 모든 인터뷰이에게 적용되는 것은 아니지만, 이 단계에서 미리 지속적인 인터뷰가 가능한지 여부를 확인해두자.

6. 연락 예고

> 5. 보내주신 설문 내용을 검토하여, 인터뷰이로 선정된 분에게 인터뷰 진행자가 직접 카카오톡으로 연락을 드리도록 하겠습니다. *
> ○ 네 확인했습니다
> ○ Other:

설문에 응답한 모든 응답자가 인터뷰에 참여할 수 있는 것은 아니므로, 앞으로의 계획에 대해 간략히 안내한다.

7. 개인정보 수집 및 이용 동의

> [개인정보 수집 및 이용 동의] *
> 1. 개인정보 수집항목 : 이름, 전화번호 / 2. 개인정보 수집목적 : 설문지 경품 응모 및 배송 / 3. 개인정보 보유기간 : 3개월 '개인정보 수집 및 이용 동의'를 거부할 권리가 있으며, 동의를 거부할 경우 설문지 설문응답이 제한됩니다.
> ○ 네 동의합니다

응답자의 이름, 이메일, 전화번호와 같은 개인정보를 수집하므로 응답자의 이용 동의를 받는다. 이에 동의하지 않은 고객은 설문에 응답할 수 없도록 설정해둔다.

2단계 :
인터뷰이 모집

인터뷰이를 모집하는 방법은 크게 4가지다. 다음 4가지 중 내부 사정에 적합한 방법을 택해서 진행해보자. 4번을 제외한 모든 방법은 큰 예산이 필요하지 않아 대부분의 회사에서 동시에 진행해볼 수 있을 것이다.

1. 기존 고객

기존 고객 모수가 이미 확보되어 있다면 그들에게 먼저 제의해본다. 웹이나 앱이라면 제품 내 공지 사항을 띄우거나, 수집된 이메일이나 문자 등의 연락처로 안내를 보내고 신청을 받는다.

2. 팀원 또는 팀원의 지인

팀원 또는 팀원들의 지인 중 조건에 부합하는 사람을 찾아본다. 팀원 인터뷰의 장점은 인터뷰 조건에 정확히 부합하는 사람이 아니더라도 연습 상대로 부담이 없다는 것이다. 인터뷰이를 만나러 가거나 사례금을 주는 등 추가로 드는 비용도 없다. 특히 인터뷰 초심자라면 인터뷰 예행 연습 상대로 함께 일하는 팀원들이 제격이다. 실전에 나서기 전 팀원에게 미리 준비한 인터뷰 질문을 입 밖으로 내보며 감을 익혀보자.

3. 온라인 커뮤니티 등 직접 모집

앞서 챕터 3에서도 언급했듯이 얼리어답터를 만나는 것이 목적인 인터뷰라면 가장 좋은 방법이다.

4. 광고 모집

주어진 예산이 충분하다면 앞서 작성한 개요를 토대로 SNS 광고를 집행해본다. 이는 마케터와의 사전 협업이 필요하다.

인터뷰이는 몇 명을 모집하는 게 좋은가?

인터뷰 목적이 무엇이냐에 따라 다르다. 초기 단계에서 얼리어답터 인터뷰를 진행하는 상황이라면 양보다는 질이다. 모두 다 다른 프로필로 최소 5~6명을 만나본다. 얼리어답터 조건에 부합하는지를 중점으로 판단해 모집하고, 이때 모두 다 다른 조건의 사람들로 만나는 것이 특히 중요하다. 나이, 성별, 직업 등 기본적인 인적 사항부터 업계에 따라 필요한 정보, 예를 들어 금융이라면 자산 규모나 자녀가 있는지 등도 중요한 프로필이 된다.

다양한 프로필의 인터뷰이를 만나보아야 하는 이유는, 빠른 시간 내에 효과적인 고객 가설을 얻을 수 있기 때문이다. 효과적인 고객 가설이란 '우리 제품은 이러해야 한다'는 내부적 확신을 의미한다. 고객 인터뷰가 익숙하지 않은 조직에서는 때로 '고작 몇 명의 사람들의 의견을 받아들이는 것이 맞는가?'라는 의심에 빠질 때가 있다. 그러나 각자 다른 라이프스타일을 가진 고객들이 해당 업계에 대해서만큼은 동일한 문제 의식, 노하우, 니즈 등을 가지고 있다는 것을 발견하게 될 것이다. 우리는 이것을 발견하는 것을 목표로 인터뷰를 진행해야 한다. 이를 기반으로 고객 가설에 대한 확신을 얻게 되면 설득력 있는 커뮤니케이션, 제품에 대한 보다 빠른 의사결정이 가능해질 것이다. 따라서 많은 인터뷰이를 만나는 것보다 인터뷰 조건 부합 여부, 그리고 다양한 프로필을 골고루 만나보는 것에 집중하여 진행해보자.

초기 단계에서 제품을 설계하기 위해 얼리어답터를 인터뷰이로 만나보는 경우, 인터뷰 조건에 부합하는지 설문지를 통해 1차로 확인하겠지만 최종적으로 인터뷰를 확정하기 전 2차로 연락을 취해 조건에 부합하는지를 다시 확인해볼 것을 추천한다. 설문만으로 사실 여부를 확인하는 것이 어렵기 때문이다. 나는 재확인 과정 없이 설문 응답 내용만으로 인터뷰이를 선별하곤 했다. 그런데 막상 실제로 만났더니 얼리어답터로서의 노하우나 인사이트를 얻을 수 없는 경우가 종종 있었다. 설문지 내용을 잘못 이해해서 선택한 경우, 사례비를 목적으로 참여하는 경우였다. 인터뷰는 시간과 비용이 드는 작업이기 때문에 적합한 인터뷰이를 만나지 못했을 때 맥이 빠지곤 한다. 따라서 해당 업계에 대해 많은 이야기를 듣는 것을 목적으로 하는 얼리어답터 인터뷰는 특히 서로의 시간과 비용이 낭비되지 않도록 간단한 전화 통화로 재확인하는 과정을 거치자.

  반면에 사용성 등 전반적인 제품 만족도를 확인하고 싶다면 얼리어답터와 메이저리티를 3 대 7 비율로 12~20명 정도 만나볼 것을 추천한다. 메이저리티의 경우 인터뷰이 조건을 까다롭게 선별할 필요는 없으나 이 역시 다양한 프로필의 고객군을 만나보는 것이 좋다. 만약 앞서 제품 구축을 위해 만났던 인터뷰이가 있다면 제품을 만들고 난 후, 또는 프로토 타입(개발 전 사용성 테스트 등을 위해 만든 시제품)을 만든 후 다시 한번 만나보자. 우리가 만든 제품이 그들이 상상했던 모습인지, 기존에 사용하고 있던 타 제품과 어떤 차이가 있으며, 장단점은 무엇인지 등 반응을 살펴보며 제품 개선의 힌트를 얻을 수 있을 것이다.

3단계 :
질문지 작성

고객 인터뷰를 통해 우리가 반드시 알아내야 할 3가지 질문이 있다. 이는 탄탄한 제품 설계를 위한 핵심 질문들로, 줄여서 '탄제문'이라고 하겠다.

탄제문은 다음 3가지다.

1. 고객의 페인 포인트는 무엇인가?
2. 그 페인 포인트를 해결하는 노하우가 있는가?
3. 관련해서 어떤 행동을 가장 자주 하는가?

이 3가지는 제품 설계에 관여하는 사람들이 알고 있어야 할 고객에 대한 가장 기본적인 질문이다. 이는 제품 설계의 가장 핵심적인 토대가 되어줄 것이다. 그러나 처음부터 이 질문에 명확한 답을 도출해내지 못할 수도 있다. 그러니 첫 인터뷰를 통해 답을 도출해낸 뒤에도 우리가 도출해낸 답이 틀리지는 않았는지 주기적인 고객 인터뷰를 통해 진단해봐야 한다.

1. 고객의 페인 포인트는 무엇인가?

페인 포인트(Pain Point)는 말 그대로 고객이 가장 고통받고 있는 포인트다. 그렇다고 해서 다소 불편을 겪는 모든 것을 뜻하는 건 아니다. "이 고통을 해결해준다면 기분이 좋다." 정도의 수준이 아니라, 감동의 눈물을 흘리며 "돈이라도 기꺼이 지불하겠다."라고 할 만한 고통이어야 한다. 우리는 고객의 고통을 발견해서 이를 해결해주는 제품을 만들고 이것으로 비즈니스 가치를 창출할 것이다.

2. 그 페인 포인트를 해결하는 노하우가 있는가?

고객이 본인의 페인 포인트를 어떻게 해결하고 있는지 살펴보자. 예를 들어 고객이 본인의 금융 데이터를 모으기 위해 계좌 정보와 카드 정보를 어떻게 확인해왔는지, 혹시 이미 다른 제품을 이용하고 있지는 않은지 등을 확인해보는 것이다. 고객들의 문제 해결법, 즉 그들의 노하우를 통해 제품 설계의 힌트를 얻어보자.

특히 얼리어답터라면 현재의 페인 포인트를 해결하는 방법으로 자신만의 노하우를 갖고 있을 것이다. 만약 아무런 노하우가 없다면 그 사람은 얼리어답터가 아닌 메이저리티이다. 그러나 어떤 얼리어답터를 만나도 끝끝내 노하우를 가진 사람을 만나지 못했다면, 우리가 진출하고자 하는 시장에 기회가 크다는 뜻으로 해석할 수 있다. 아직 아무도 고객의 문제를 해결해주지 못하고 있다는 뜻이기 때문이다.

3. 관련해서 어떤 행동을 가장 자주 하는가?

우리가 만들어낼 제품은 고객들로 하여금 자주 이용될 만한 이유가 있어야 한다. 따라서 고객들의 라이프스타일에 녹아들어야 하는데, 이를 위해서는 그들의 생활 패턴과 사고방식을 먼저 이해해야 한다.

실무 사례

가계부 앱 기획 사례를 탄제문에 대입해보았다. 이때 가계부에 대한 근본적인 질문에 답을 얻기 위해 '앱'에 한정하지 않고, '가계를 관리하는 행위'에 주목했다. 이와 같이 탄제문은 고객에 대한 가장 근본적인 질문이기 때문에 업종에 관계없이 모든 제품과 서비스에 대입해볼 수 있다.

> 1. 가계부 관리의 페인 포인트는?
> 2. 가계부 관리의 페인 포인트를 어떻게 해결하고 있나?
> 3. 가계부를 관리하기 위해 일상에서 가장 자주 하는 행동은?

4단계 :
인터뷰 진행

우리는 탄제문에 대한 답을 얻기 위해 고객 인터뷰를 진행할 것이다. 고객을 만나 어떻게 물어보면 좋을까? 탄제문에 쓰인 질문 그대로 인터뷰이에게 "당신의 페인 포인트는 무엇입니까?"라고 물어봐도 될까? 당연히 좋은 답변을 얻지 못할 것이다. 인터뷰 시에는 탄제문을 일상 대화체로 바꾸어서 인터뷰이가 이해할 수 있는 쉬운 언어로 질문해야 한다.

페인 포인트에 대해 질문할 때

고객의 페인 포인트를 잡아내기 위해서, 인터뷰이가 어려움을 겪었던 상황을 떠올릴 수 있도록 질문해보자. 그리고 답변하는 모습도 관찰해보자.

- 최근 (아이템)과 관련하여 어려움을 겪었던 게 언제였나요? 그 날에 대해서 자세히 알려주세요. 그런 일은 자주 있나요?
- (아이템)과 관련하여 어떤 어려움이 있나요?
- (아이템)과 관련하여 포기하고 싶었던 순간은 없으셨나요?

페인 포인트의 해결 방법(노하우)을 물어볼 때

제품 설계를 위한 기본적인 질문인 동시에, 고객이 진짜 얼리어답터인지 가려낼 수 있는 질문이다. 스스로 만족스러운 해결 방법이 있다면 그는 얼리어답터이고, 그렇지 않다면 메이저리티다. 물론 그 누구도 만족스러운 해결 방법이 없는 경우도 있는데, 이 경우 앞서 말했듯 우리가 시장에서 유일한 대안이 될 수 있으므로 비즈니스 면에서 기회라고 할 수 있다. 인터뷰이가 페인 포인트를 해결하기 위해 쓰고 있는 타 제품이 있다면 소개받아보자. 또는 입문자를 위한 조언을 요청하는 것도 좋은 방법이다.

- 그 어려움을 해결하셨나요?
  1) 해결했다면 방법을 알려주세요. 그 방법에 얼마나 만족하시나요?
  2) 해결하지 못했다면 해결할 수 없었던 이유는 무엇이었나요?
- 문제를 해결하기 위해 사용하는 제품이나 서비스가 있다면 소개해주세요.
- 주변 지인에게 도움을 주거나 조언하신 적이 있나요? 어떻게 도움을 주셨나요?
- 제가 그 방면으로 초보자인데 조언을 해주실 수 있나요?

고객의 행동 패턴과 사고방식을 파악할 때

인터뷰이의 최근 경험에 대해 물어보자. 예를 들어 단순히 "가계부 자주 쓰세요?"라고 물어보면 "네. 자주 써요."라는 단순한 답이 나온다. 이러한 질문으로는 대화를 계속하기 어려울뿐더러 인사이트도 얻을 수 없다. 대신 "어제 가계부 작성하셨나요? 작성하신 내용 같이 볼 수 있을까요?"라고 물어보는 것이 더 나은 답변을 들을 수 있는 질문이다.

물론 인터뷰에서 무조건 탄제문에 대한 질문만 해야 하는 것은 아니다. 탄제문 외에도 고객을 통해 알고자 하는 답이 있을 것이다. 모든 인터뷰 질문은 인터뷰이의 실제 경험을 위주로 답을 들어야 하니, 그 이야기를 들을 수 있도록 질문지를 준비해 가는 것이 핵심이다. 짧은 시간에 보다 정확한 답변을 듣기 위해서는, 하나의 답변을 듣기 위해 다양한 방향으로 물어볼 수 있도록 질문을 준비하는 것이 좋다. 이 과정에서 우리가 결과적으로 무엇을 도출하기 위한 인터뷰였는지도 절대 잊지 말아야 한다.

또한 "저희 제품을 어떻게 생각하세요?", "이 기능은 어때요?"와 같이 의도를 쉽게 간파할 수 있는 질문이나 진행자의 기분을 생각해서 적당한 답변을 하게 되는 질문은 좋지 않다. 아마 이러한 질문에 대해 "괜찮던데요.", "음… 좋은데요?" 정도의 두루뭉술한 답변을 받게 될 것이다. 사실 제품에 대한 고민은 우리의 몫이지 고객의 것이 아니다. 따라서 고객이 우리만큼 제품에 관심과 애정을 가지고 있을 것이라는 생각은 버려야 한다. 그러니 인터뷰이에게 우리의 고민을 해결해줄 구체적인 통찰력을 기대하진 말자. 우연히 인사이트를 제시하는 고객을 만났다면 당신은 아주 운이 좋은 사람이다. 그 고객과 제품을 만드는 과정 전반을 함께 하며 지속적인 관계를 유지해보자.

 인터뷰가 처음이라면 어떻게 질문을 해야 좋을까 고민이 많을 것이다. 인터뷰를 잘 진행하기 위한 가장 좋은 방법은 예행 연습을 많이 해보는 방법밖에 없다. 인터뷰는 하면 할수록 는다. 문서에 정리한 질문지와 막상 입 밖으로 냈을 때 귀에 들리는 말은 생각보다 다르게 느껴진다는 것을 직접 경험해보면, 다음 인터뷰에서 좀 더 능숙하게 진행할 수 있을 것이다. 그러니 지인이나 팀원을 대상으로 대화를 많이 나누어보자. 첫 인터뷰는 마음을 비우고 비교적 편하게 대화할 수 있는 인터뷰이를 만나는 것도 추천한다.

인터뷰 진행 가이드라인

 이제 인터뷰 준비는 끝났다. 인터뷰 진행 시 꼭 지켜야 할 기본 가이드라인을 살펴보자.

1. 예의는 기본!

 우리가 회사와 제품의 얼굴임을 잊지 말자. 인터뷰에 대한 충분한 설명,

만남 전 안내, 만남 후 감사 인사, 정시 시작 등의 기본적인 예의를 지키자.

2. 철저한 사전 준비

질문지는 미리 준비하고 필요에 따라 고객이 자필로 작성할 설문지도 인쇄해 준비하자. 충분한 인터뷰 예행 연습도 필요하다. 인터뷰 진행자인 우리가 긴장하면 인터뷰이는 훨씬 더 긴장하기 마련이다.

3. 진행자는 최소 2명

만약 5명의 사람을 2시간씩 인터뷰했다면 총 10시간의 녹음본이 생긴다. 이 긴 녹음 파일을 다 듣고 있을 시간이 없다. 반드시 인터뷰 내용을 글로 작성해줄 사람과 동행하여 서기 1명과 함께 2인 1조로 움직이자. 물론 음성을 텍스트로 변환해주는 서비스를 활용해볼 수도 있다. 그러나 프로젝트에 참여하는 팀원들이 골고루 고객과 대면하는 자리를 가지는 것이 협업 면에서나 제품 개발 효율 면에서 도움이 되기 때문에, 의도적으로 2인 1조로 움직이는 것을 추천한다.

4. 인터뷰이를 평가하지 말 것

고객을 이해하기 위한 '탐색 조사'에서는 편하게 대화를 건네고 인터뷰이의 말을 경청하는 것이 무엇보다 중요하다. 예를 들어 인터뷰이가 앞서 A가 좋다고 언급했는데, 후반에 가서는 A가 별로라는 식의 뉘앙스를 풍길 수 있다. 그때 '아까는 A가 좋다면서 지금은 왜 싫으냐'고 인터뷰이의 말에 시시비비를 따지기보다는 전혀 다른 질문을 통해 인터뷰이의 의중을 재확인해보는 것이 좋다. 인터뷰이의 말에 '사실'을 따지고 싶을 땐 인터뷰이의 생각보다는 그가 행했던 '행동'과 겪었던 '경험'에 대한 이야기를 들어보자. 인터뷰이가 편하게 본인의 생각을 말하고 아는 것을 뽐낼 수 있도록 경청하는 태도를 보여주는 것 또한 인터뷰 진행자의 능력이다.

5. 진행자가 포기하면 인터뷰는 끝이다

중요한 질문에 답변을 얻지 못했다면, 질문을 우회하여 다시 시도하라. 그런데 때로는 이상한(?) 인터뷰이를 만나는 날도 있다. 그래도 섣불리 인터뷰를 멈추지 말자. 실제로 인터뷰를 진행해보면 예상치 못한 일들이 많이 생긴다. 너무 단답형으로 대답하는 참여자라든지, 사례금을 목적으로 무성의하게 참여하는 사람이라든지, 눈에 보이는 뻔한 거짓 답변을 하는 사람이라든지 등등 세상은 넓고 사람은 다양하다. 미리 마음의 준비를 해두자. 만약 이런 인터뷰이를 만났다면, 인터뷰 훈련을 한다고 생각하고 차분하게 대화를 주도해보자.

6. 다음 인터뷰 약속하기

인터뷰의 질이 좋았던 참여자라면, 다음 인터뷰를 미리 약속받는다. 이런 인터뷰이라면 다시 만나도 인사이트 있는 답변을 들을 수 있고, 친숙해진 만큼 더 다양하고 솔직한 이야기를 들을 수도 있다.

7. 인터뷰가 끝난 직후 내용을 바로 그 자리에서 정리할 것

인터뷰 기록을 나중으로 미루면 밀린 일기를 쓰는 것만큼 괴로워진다. 기억이 남아 있을 때 인사이트가 될 만한 답변은 없었는지 살펴보고 그 자리에서 정리해두자.

8. 현장감 넘치는 기록이 중요하다

서기는 인터뷰 참여자의 말뿐만 아니라 비언어까지도 빠짐없이 있는 그대로 작성할 의무가 있다. 서기가 인터뷰이의 말을 임의로 요약해 정리하는 행동은 절대 금물이다.

9. 가장 중요하고 어려운 것, 유도심문 금지!

인터뷰어가 원하는 바를 예상하게 하는 질문은 절대 금지다. 물론 이런 질문을 하지 않겠다고 마음을 먹어도, 막상 인터뷰를 시작하게 되면 쉽지 않을 수 있다. 이 역시 연습이 필요하다. 나의 질문을 인터뷰이가 어떻게 받아들일지 미리 질문을 입 밖으로 내보고 인터뷰이의 입장에서 상상해보자.

5단계 :
인터뷰 회고 및 결과 분석

예정된 모든 인터뷰를 끝마쳤다면, 다음 인터뷰를 위해 회고해보자. 크게 4가지 회고점이 있을 것이다.

1. 인터뷰 목적에 부합하는 인터뷰이를 모집했는가?
2. 인터뷰이 응대는 잘 되었는가?
3. 인터뷰이에게 적절한 질문을 했는가?
4. 제품 설계에 도움이 되는 인사이트를 도출할 수 있었는가?

이제 서기가 작성한 로우 데이터와 인터뷰 당시 메모해둔 인사이트 내용을 토대로 인터뷰 결과를 분석해보자.

실무 사례

> 1. 가계부 관리의 페인 포인트는?
>   : 지출을 매일매일 작성해야 되는 것
> 2. 가계부 관리의 페인 포인트를 어떻게 해결하고 있나?
>   : 카드 결제 문자를 읽어오는 앱을 사용하며, 그 외 지출 내역은 개인의 의지에 의존함(아이폰 사용자는 특별히 해결책 없음)
> 3. 가계부를 관리하기 위해 일상에서 가장 자주 하는 행동은?
>   : 그날그날의 지출 내역 확인, 항목별 지출 확인

가계부 얼리어답터들을 인터뷰한 결과, 그들이 가장 괴로워하는 페인 포인트는 아이러니하게도 '매일매일 지출을 작성해야 된다는 것'이었다. 그리고 이 문제를 어떻게 해결하고 있나 봤더니, 안드로이드 사용자의 경우 카드 결제 문자를 읽어오는 가계부 앱을 사용하며, 카드 외의 현금이나 계좌이체와 같은 지출은 스스로의 기억과 의지에 의존하여 작성하는 방법이 전부였다. 심지어 아이폰 사용자는 애플의 보안 정책 때문에 카드 결제 문자를 읽어오는 기술이 적용되지 않아 아무런 해결책이 없었다.

가계부 사용자들이 가계부를 관리하며 가장 자주 하는 행동은 지출 통제를 위해 매일매일의 지출 내역을 확인하고 가계부에 기록하는 일이었다. 그리고 각 지출 내역이 카페에서 사용된 것인지, 외식에 사용된 것인지 항목별 구분을 지었다. 이렇게 해두면 어떤 항목에서 가장 지출이 큰지

한눈에 확인할 수 있는 파이차트가 만들어지는데, 가계부 사용자들은 지갑을 열기 전 이 파이차트를 확인한 뒤 구매 여부를 결정했다. 이렇게 가계부 사용자의 일상의 루틴을 이해한 것이 제품 설계에 매우 큰 힌트가 되어주었다.

방대한 고객 인터뷰 내용 속에서 어떻게 이런 결과를 도출해낼 수 있었을까? 고객의 말과 행동 속에 우리가 주목해야 할 4가지 포인트가 있다.

1. 강한 감정 표현이 있었는가?

인터뷰이가 차분하게 대답을 하다가 어떤 감정을 드러내는 포인트가 있다면 주목해야 한다. 대화를 하다 보면 자신이 중요하게 생각하는 사실이나 인상 깊었던 경험을 설명할 때 본인도 모르게 흥분하는 경우가 있기 마련이다. 여기에서 어떤 감정을 드러내느냐에 따라 제품을 설계할 때 반드시 필요한 기능이 될 수도 있고, 반대로 절대로 제공해선 안 되는 기능이 될 수도 있다.

2. 계속해서 반복해서 언급하는 것이 있는가?

인터뷰이는 스스로 인지하지 못했을 가능성이 크지만, 무의식적으로 반복하는 단어나 문장 등이 있다면 그것에 주목해보자. 인터뷰이가 중요하게 생각하는 것이거나, 일상에서 반복적으로 일어나는 일, 또는 습관과 같이 인터뷰이의 일상에 고착화된 것일 수 있다.

3. 실제로 그렇게 행동했는가?

인터뷰 내용에 대한 판단은 인터뷰이의 생각이나 그들의 의지 또는 희망 사항이 아닌 '실제 행동'과 '경험'을 근거로 해야 한다. 인터뷰이는 우리가 던진 질문에 깊은 고민 없이 단편적으로 답할 가능성이 크다. 1~2시간이라는 짧은 시간 동안 진행되는 인터뷰 내용 속에서 정확한 사실을 발견하기 위해서는 인터뷰이가 스스로를 어떻게 생각하고 있는지보다 '그래서 무엇을 했는지'에 주목해야 한다.

예를 들어 "메모를 자주 하느냐?"라는 질문에 "그렇지 않은 것 같다."라고 답변하는 사람에게 회사에서 있었던 일에 대해 설명해달라고 해보자. 아마도 회사에서 거래처 전화를 받고 이면지에 연락처를 메모하거나, 월요일 아침에 한 주의 계획을 세우며 노트에 글을 쓰는 등 본인은 인지하지 못했으나 생활 속에서 메모라는 행위를 하고 있을 가능성이 크다. 우리는 이 '사실'에 주목해야 한다.

4. 인터뷰이의 공통분모는 무엇인가?

우리가 만난 모든 인터뷰이들이 입을 모아 강조하거나 하나같이 원하는 부분이 있을 것이다. 이것이 가장 중요한 포인트다. 실제로 연쇄 창업에 성공한 방송인 홍석천 씨는 본인의 사업 아이템을 지인 7명에게 물어보고, 7명 모두 긍정적인 반응을 보였을 때만 사업을 시작했다고 한다. 사람은 3명부터 집단으로 분류되는데, 일을 하다 보면 세 사람의 마음을 하나로 모으는 것도 힘들다는 걸 경험할 수 있다. 라이프스타일이 다르고 일면식도 없는 사람들이 동일한 감정을 표하거나 동일한 주장을 하는 포인트가 있다면, 이는 제품 설계자가 절대로 놓쳐선 안 되는 포인트다. 이를 도출하기 위해 고객 인터뷰를 진행한 것이라고 해도 과언이 아니다.

인터뷰 결과물

이렇게 인터뷰를 마치면 총 3가지의 결과물이 생겨야 한다.

1. 인터뷰의 현장감이 그대로 반영된 로우 데이터

로우 데이터는 반드시 녹음 파일을 대체할 수 있어야 한다. 요약 정리된 문서가 아니라 인터뷰이의 비언어까지 정리된 그야말로 로우(Raw)한 문서여야 한다는 뜻이다. 이 문서에서 일차적으로 중요한 포인트를 체크해 보자.

로우 데이터 예시

2. 모든 인터뷰이의 답변을 요약해둔 시트

로우 데이터에서 한 번 더 정제된 문서를 만든다. 행에는 인터뷰이에게 했던 질문, 열에는 각 인터뷰이의 답변을 입력하자. 모든 인터뷰이의 응답을 한눈에 확인하기에 좋고, 그중에서도 특히 공통된 응답을 찾기에 용이하다. 앞에서 설명했던 '인터뷰 내용 중 주목해야 하는 4가지 포인트'를 체크해보자.

답변 시트 예시

3. 인터뷰 분석 결과 (탄제문에 대한 결과)

제품 초기 구축 단계에서는 탄제문에 대한 결과를 도출해보자. 이후부터는 탄제문에 대한 재검증, 사용성에 대한 검증, 제품 가설 검증 등 인터뷰 목적에 따른 분석 결과를 도출해낸다. 이는 반드시 고객 인터뷰에서 발견한 인사이트를 근거로 삼으며 기획자의 주관은 최소한으로 한다. 기획자의 주관은 제품에 대한 크고 작은 성공 경험이 쌓이고, 여러 번의 가설 검증을 통해 고객에 대한 빅데이터가 쌓였을 때 보다 더 정확해진다. 그러나 이 또한 검증해야 될 '가설'임을 잊지 말자.

Chapter 5. 핵심 요약

1. 인터뷰 목적과 인터뷰이 조건을 명확히 정의한 개요를 작성한다.
2. 제품 설계에 인사이트를 줄 수 있는 얼리어답터 고객(티칭 커스토머)을 인터뷰이로 모집한다.
3. 제품 구축 단계라면, 탄제문의 답을 얻기 위한 질문지를 작성하고 꼭 예행 연습을 한다.
4. 로우 데이터를 기록할 서기와 함께 2인 1조로 인터뷰를 진행한다.
5. 4가지의 분석 포인트를 기반으로 고객 인사이트를 도출한다.

Chapter 5. Mission

아직 우리 제품의 탄제문에 대한 명확한 정의가 내려지지 않았다면 고객 인터뷰를 통해 탄제문의 답을 찾아보자.

- 초기 구축 단계라면 우리 시장에 대한 인사이트가 있는 얼리어답터(티칭 커스토머)를 만나보는 것에 집중한다.
- 운영 단계라면 기존 고객과 잠재 고객을 적절히 섞어본다.
- 고객 인터뷰 시작 전, 준비한 질문지로 팀원들과 예행 연습을 해보자.
- 고객 인터뷰를 진행해보고 우리 제품의 '탄제문'을 도출해보자.

실무 프로세스
step 4.

: 제품 설계 및 구현(1)

제품 설계, 어떻게 시작할까?
탄제문 1. 현재 고객의 페인 포인트는?
탄제문 2. 그 페인 포인트를 해결하는 방법은?
탄제문 3. 관련하여 가장 자주 하는 행동은?

제품 설계,
어떻게 시작할까?

드디어 제품을 설계하고 개발하여 세상에 선보이는 순서다. IT에선 웹이나 앱 화면을 기획하고 개발자와 협업하여 제품을 구현해내는 과정일 것이다.

그러나 신규 프로젝트를 처음 맡았거나, 제품을 처음 만들어보는 입장이라면 막상 제품을 설계하려고 하니 어디에서부터 어떻게 시작해야 할지 막막할 것이다. 무엇을 기반으로 제품을 설계해야 할까? 앞서 진행한 고객 인터뷰를 통해 얻은 탄제문이 바로 그 기반이 되어줄 것이다.

탄제문 1.
현재 고객의 페인 포인트는?

고객의 페인 포인트가 무엇인지 알면, 그들이 가장 원하는 서비스를 제공해줄 수 있다. 그들의 고통을 해결해주는 순간, 고객은 '매직 모먼트'를 경험하게 될 것이다. 이는 '와우 모먼트' 또는 '와우 포인트' 등으로 불리기도 한다. 이 매직 모먼트는 고객이 서비스의 가치를 깨닫는 순간이다. 단순 사용자가 고객생애가치를 지닌 사용자가 되는 순간이며, 쉽게 말해 충성 고객이 되는 순간이다. 즉, 페인 포인트로부터 제품의 콘셉트를 도출해낼 수 있다는 뜻이다.

예를 들어 페이스북은 지구 반대편에 있는 친구, 10년 전에 연락이 끊긴 친구, 지금 자주 왕래하고 있는 친구가 자동으로 추천에 뜨거나, 비즈니스에 도움이 되거나 서로 관심사가 같은 사람으로부터 친구 신청이 들어오는 등 사람들과 쉽고 간단히 연결되는 경험이 바로 매직 모먼트일 것이다.

매직 모먼트는 수치화가 가능하다. 페이스북은 14일 안에 10명의 친구를 만들면 3년을 이용한다고 한다. 그래서 페이스북 제품 설계자들은 14일 내에 10명 이상의 친구와 연결되는 경험을 만들어내는 것에 심혈을 기울였을 것이다. 실제로 페이스북을 가입하는 과정을 경험해보면 그들의 고민이 여실히 느껴진다.

넷플릭스는 자신의 취향에 맞는 콘텐츠를 무한히 탐색하고 시청하는 것이 매직 모먼트일 것이다. 이를 수치화하면 한 달에 1편 이상의 영화를 본 사용자는 2년을 이용한다고 한다. 이를 위해 가입 과정부터 콘텐츠를 열람하는 과정은 매우 심플하다. 또한 쉽고 편하게 콘텐츠를 탐색할 수 있도록 화면이 설계되어 있으며, 동일한 콘텐츠도 사용자의 취향 데이터에 기반하여 포스터 이미지를 다르게 노출하고, 최근에는 '랜덤 재생' 기능을 론칭하는 등 다양한 방식으로 시청을 유도하고 있다.

뱅크샐러드 고객 페인 포인트는 계좌 잔액, 카드 대금 등의 금융 정보가 여기저기 흩어져 있다는 것이었다. 이를 해결하기 위해 앱을 설계했고, 실제로 카드와 은행 정보를 불러온 고객의 MAU(Monthly Active Users, 한 달 동안 해당 서비스를 이용한 순수한 이용자 수)는 다운로드 대비 30% 이상을 유지했다. 이는 연동을 하지 않은 고객에 비해 높은 수치였고, 금융 앱 평균과 비교했을 때도 높은 수치였다. 페인 포인트를 해결함으로써 고객들이 매직 모먼트를 느꼈다는 방증이자, 매직 모먼트를 느낀 고객의 충성도가 더 높다는 이론의 방증이라고 볼 수 있다.

이렇듯 매직 모먼트를 경험했는가 경험하지 않았는가에 따라 제품에 대한 인식 차이가 매우 커진다. 따라서 우리의 목표는 고객들이 우리 제품의 매직 모먼트를 최대한 빨리 경험할 수 있게 만드는 것이다. 페이스북, 인스타그램, 넷플릭스 등 글로벌 유니콘 기업들의 제품 온보딩 과정(제품 설치 또는 가입 후 겪게 되는 제품에 대한 고객의 첫 경험)을 다시 한번 경험해 보자. 그들이 자신들의 매직 모먼트를 최대한 빨리 경험시키기 위해 제품을 어떻게 설계했는지 뜯어보는 것도 좋은 공부가 될 것이다.

실무 사례

뱅크샐러드에서 대출을 추천받는 경험을 설계하기 위해 고객 연구를 하던 때였다. 자영업자, 프리랜서 또는 집안의 가장으로서 대출을 자주 신

> (앱 프로토타입 검증 인터뷰 중)
> ...
> 나중에 알고서 하는 것 보다는 알기 전에 어디 금융사인지 아는게 좋겠어요.
> 현금서비스? 알고보니 제 1금융권이 아니네 하면 안좋으니까.
> 어, 그런데 한도가 작네요. 그럼 슬프네요. 하하
>
> 질문: 한도가 많지 않으면 어떠세요?
> 내가 이것 밖에 안되나? 슬프죠. 갈 때는 맨손으로 가는구나 싶고.
> 많이 해준다고 하면 기분 좋아요. 누구나 그렇지 않나요?
>
> 질문: 대출 신청할 때 어렵거나 힘든 점이 있나요?
> 급하면 힘들 것도 없어요. 대출이 나오지 않거나 한도가 작으면 괴롭죠.
> 아, 절차가 많으면 짜증나요. 앱으로 안정적으로 구동할 수 있으면 좋겠어요.

대출 관련 인터뷰 내용

청하는 환경에 있는 대출 관련 얼리어답터들을 만나보았다. 그들은 대부분 대출을 신청하는 과정에서 슬픔과 분노를 느끼고 있었다.

그들의 페인 포인트는 '금융사는 갑, 나는 을'이 되는 경험을 할 수밖에 없다는 것이었다. 은행이 제공하는 금리와 한도는 내 의지와 노력으로 바꿀 수 없고 대출이 거절되어도 별다른 방도가 없었다.

이러한 고객들의 페인 포인트를 해결하기 위해 '고객이 갑이 되는 경험'

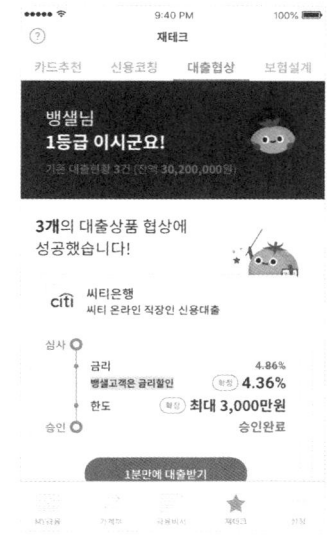

대출 서비스 화면

을 제공하는 것으로 비즈니스 모델을 설계했다. 고객이 대출 상품을 찾기 위해 직접 발품을 팔았던 것을 역으로 이용해서, 금융사에서 확정된 상품을 고객에게 제안하고 이를 고객이 선택할 수 있는 구조로 만들었다. 출시 후 경쟁사에서 동일한 구조를 따라 하기 시작했고, 금융권에서도 이에 맞는 제품을 새로 만드는 등 시장의 변화까지 일으켰던 성공 사례로 볼 수 있다.

탄제문 2.
그 페인 포인트를 해결하는 방법은?

_____ 고객이 문제를 해결하기 위해 이미 사용하고 있는 솔루션은 실제로 우리의 경쟁사이거나 허들이 될 가능성이 높다. 그들이 현재 사용하고 있는 서비스나 솔루션을 대체할 수 있는 경쟁 우위 포인트를 설정해 보자. 시장 우위를 선점하기 위해서는 경쟁사 대비 설득력 있는 우리만의 경쟁력을 찾아야 한다.

┤ **실무 사례** ├

가계부 사용자는 '매일 지출 내역을 작성해야 하는 번거로움'이 페인 포인트다. 이를 해결하기 위해 안드로이드 사용자는 카드 결제 문자를 읽어오는 가계부 앱을 사용했고, 일주일 또는 한 달 단위로 엑셀에 정리해 재확인한다고 했다. 그마저도 아이폰 사용자는 애플의 보안 정책으로 인해 카드 결제 문자를 자동으로 읽어올 수 없는 환경이었기 때문에 별다른 해결 방법이 없었다. 모든 수입과 지출 내역을 직접 수기로 입력하는 것이 전부였다.

여기에서 힌트를 얻을 수 있었다. 안드로이드 사용자에게는 더 나은 해결책을 제공할 수 있는 기회이자, 아이폰 사용자를 대상으로는 가계부 시장을 아예 선점할 수 있는 기회였다.

고객이 직접 입력하지 않아도 수입과 지출 내역을 자동으로 읽어올 수 있는 기술에는 문자 파싱(Parsing), 스크래핑(Scraping), API (Application Programming Interface)가 있다. 2016년 앱 개발이 진행 중이던 당시, 이 3가지 기술 중 하나를 선택해야 했다.

문자 파싱 : 고객이 최초 동의를 한 경우 데이터를 실시간으로 불러오는 것이 가능함(실시간성 보장O), 단 안드로이드에만 적용 가능한 기술, 추후 API 기술 적용 시 병행하기 어려울 것으로 예상됨

스크래핑 : 고객의 허락이 있어야만 데이터를 불러올 수 있음(실시간성 보장X), 모든 OS(안드로이드, 아이폰) 적용 가능한 기술, 추후 API 기술 적용 시 병행이 가능할 것으로 예상됨

API : 고객이 최초 동의를 한 경우 데이터를 실시간으로 불러오는 것이 가능함(실시간성 보장O), 모든 OS(안드로이드, 아이폰) 적용 가능한 기술, 단 금융기관의 협조가 필요하여 내부의 의지만으로는 진행 불가

가계부 앱 시장의 현황을 파악한 뒤 망설임 없이 스크래핑 기술을 선택했다. 경쟁 서비스보다 고객 관점에서 더 우위에 있는 기술이었고, 이 기술을 통해 가장 빨리 아이폰 사용자들에게 편의를 제공해줄 수 있었기 때문이다. 이 결정 덕분에 뱅크샐러드가 가계부 시장을 빠르게 선점할 수 있었다. 여전히 많은 사람들이 뱅크샐러드를 가계부 앱으로 인식하고 있는 이유 중 하나다.

탄제문 3.
관련하여 가장 자주 하는 행동은?

고객의 라이프스타일을 기준으로 제품의 시나리오를 도출해 보자. 그들의 사고방식과 행동 패턴을 이해하는 것은 그들의 라이프스타일을 이해하는 것과 같다. 이를 토대로 제품 시나리오를 도출할 수 있다.

지금부터 고객의 사고방식을 이해하기 위해 브랜드 마케팅에서 쓰이는 '인지 피라미드'를 활용해볼 것이다. 인지 피라미드는 일반적으로 마케팅 업계에서 '브랜드 인지 피라미드'로 잘 알려져 있다. 브랜드에 대한 소비자의 인지도를 4가지 단계로 표현한 것인데, 마케팅 비전공자들에겐 다소 생소한 개념일 수 있다. 일단 이 인지 피라미드가 무엇인지에 대해 좀 더 자세히 알아보자.

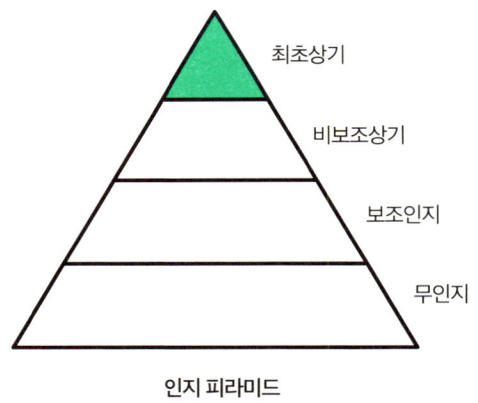

인지 피라미드

최초상기

"공무원 합격은?"이라고 했을 때 가장 먼저 떠오르는 브랜드가 있는가? 만약 한번에 떠오르는 브랜드가 있다면, '공무원 시험'이라는 카테고리에서 우리의 최초상기 포지션을 차지하고 있는 브랜드는 바로 그것이다. 즉, 툭 치면 나오는 것. 그것이 최초상기다. 따라서 모든 브랜드 마케터는 담당 브랜드를 대중의 최초상기로 만드는 것이 목표다. 우리에게 익숙한 '가전은 엘지', '침대는 에이스'와 같은 광고 문구처럼 'A는 B다'라는 공식을 흔히 발견할 수 있는 것도 바로 이 때문이다.

운동화로 예를 들어보자. 나는 운동화라는 카테고리를 떠올리면 가장 먼저 생각나는 브랜드가 '나이키'다. 나에게 운동화 최초상기 브랜드는 나이키인 셈이다.

비보조상기

나이키 다음에는 '아디다스'가 떠오른다. 최초상기 다음으로 떠올려보자면 생각나는 것, 2순위 브랜드가 바로 비보조상기 브랜드다.

보조인지

아디다스 다음으로는 딱히 떠오르는 브랜드가 없어 운동화 매장에 방문했다. 매장에서 '컨버스'라는 브랜드를 발견했다. '아 맞다, 저 브랜드도 있었지.' 하며 직접 보아야 떠오르는 것은 보조인지 브랜드다.

무인지

매장 안을 좀 더 살펴보다가 '버켄스탁'이라는 브랜드를 발견했다. 이 브랜드는 처음 보는 브랜드였다. 버켄스탁은 나에게 무인지 상태의 브랜드였던 것이다.

그렇다면 제품 설계에 이 4가지 기준이 모두 필요할까? 그렇지는 않다. 우리가 활용할 것은 단 하나 '최초상기'뿐이다. 고객이 일상에서 어떠한 생각이나 니즈가 발생했을 때 '툭' 하고 나오는 최초상기는 우리 제품이 되어야 한다.

실무 사례

고객 인터뷰를 통해 가계부 얼리어답터들이 가계부를 어떻게 쓰고 있는지 확인해보니, 인터뷰이들의 공통적인 행동 패턴을 발견할 수 있었다. 매일 지출을 확인하고, 일주일에 3회 이상 항목별(쇼핑, 외식 등) 통계를 정리하고 확인하는 일이었다.

```
매일 소비가 있을때마다 기록, 자주 통장 잔액 확인, 매일 통계확인
가계부 잔액과 통장 잔액을 비교하고 잘못된 부분이 있는지 확인 후 수정한다 다음으로는 과거가계부내용
소비에 대한 통계를 월단위로 확인하고 조절하며 중간중간에도 주 단위로 소비내역 확인 및 조절!
가계부에 입력후 매일 소비내역 확인 한달마다 통계확인
등록된것을 확인한다
가계부에 등록된 소비내역 확인(매일 1회 이상), 한달 총사용량 비교 등 소비에 대한 통계 확인(주 3회 이〉
가계부의 결과를 확인하고 그 뒤로 법인카드 내역 삭제후 자주쓰는가게들 외에 자동 분류가 안된애들 다〉
카드 사용 내역을 자동 기록, 현금사용 기록. 수시로 지금까지 사용한 금액 확인. 특정 카드의 혜택 금액〉
일주일에 한 번 정도 그동안 소비한 내역을 확인하고 한달 예산을 조정한다.
지출내역을 적고 하루마다 오늘 지출을 확인해요. 일주일마다 통장잔고랑 금액을 맞춰보고 빠진내역을 획
거래가 발생하면 그 즉시
기입하고, 수시로 확인하여 향후 지출을 판단한다
소비 용도 추가 입력 / 잘못 등록된 소비내역 수정 / 수입, 지출 대비 예산 확인
소비내역 등록 -> 소비통계 확인
지출이있을때마다 입력(카드 사용이 문자 복사 붙여넣기, 현금 사용시 직접입력)하며 입력하면서 소비분〉
일주일에 한번 몰아서 업데이트/소비패턴 파악
```

가계부 얼리어답터들의 인터뷰 내용

가계부를 관리하며 그들이 자주 하는 생각은 '오늘 얼마 썼지?', '이번 달 카페에서 얼마 썼지?'였다. 따라서 고객들이 일상에서 떠올리는 이 질문에 답을 줄 수 있는 최초상기 제품을 만드는 것이 관건이었다. 실제로 그들의 사고방식과 행동 패턴을 기반으로 설계된 가계부를 보자.

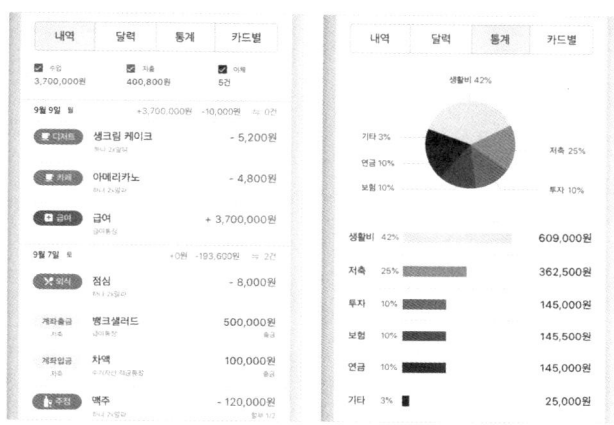

가계부 서비스 화면

가계부 사용자에게 '오늘 얼마 썼지?'는 매일매일 떠오르는 질문이었다. 따라서 가계부 앱은 이 질문에 가장 먼저 답을 줄 수 있는 화면을 제공해야 했다. 또한 해당 화면에서 보여주는 정보 또한 고객이 가장 중요하다고 생각하는 순서, 가장 자주 확인하는 순서를 고려하여 시각적인 완급 조절이 필요했다. 위 이미지는 이러한 것들을 고려한 가계부 첫 화면이다.

그다음 가계부 사용자의 잦은 질문 중 하나인 '이번 달 카페(특정 항목)에서 돈을 얼마나 썼지?'에 대한 답을 찾을 수 있는 항목별 지출 파이차트를 제공했다. 항목별 지출 파이차트는 일주일에 한 번, 한 달에 두세 번 정도 확인하는 정보이므로 매일 확인하는 지출 내역보다는 한 뎁스 더 들어가도 무방하다.

항목별 지출을 확인할 수 있는 '파이차트 그래프'는 국내 가계부뿐만 아니라 해외 가계부에서도 무조건 제공하는 기능인데, 고객 인터뷰를 진행하기 전까지만 해도 나는 이 그래프의 중요성에 크게 공감하지 못했다. 그래서 첫 번째 가계부에서는 파이차트를 제공하지 않았었는데, 그것이 실패 원인 중 하나일 줄은 상상도 하지 못했다.

첫 번째 가계부 앱의 실패 이후, 가계부 사용자들을 인터뷰해본 결과, 알고 보니 가계부 사용자들에게는 이 파이차트가 지출을 결정하는 '절대신'과 같은 존재였다. 가계부 사용자들은 옷을 하나 사려고 할 때에도 파이차트를 확인하고 옷이나 쇼핑 항목이 큰 영역을 차지하고 있다면 구매를 포기하는 등 자신의 구매 의사결정을 전적으로 이 그래프에 의존하고 있었다.

이처럼 고객의 라이프스타일을 이해하고 제품을 설계한 결과, 뱅크샐러드에 매일 방문하는 고객 중 60% 이상이 가계부를 방문하는 고객(2018년 기준)이라는 성과를 거둘 수 있었다. 앱 활성화(리텐션) 지표를 견인하는 충성 고객을 확보하는 데 성공한 것이다.

이처럼 고객의 니즈가 발생했을 때 즉각 떠오르는 제품, 즉 '최초상기가 되는 제품'을 설계하자. 그러기 위해선 최대한 첫 도입 화면에서 즉각 답을 주어야 함을 명심하자. 고객의 질문에 적합한 답변을 주는 제품을 만들면, 장기적이고 구조적으로 비즈니스 지표를 이끄는 동력을 만든 것이나 다름없다.

Chapter 6. 핵심 요약

1. 고객의 페인 포인트를 통해 매직 모먼트와 콘셉트를 도출한다.

2. 고객의 노하우에서 경쟁 우위 포인트를 도출한다.

3. 고객이 자주 하는 행동 분석을 통해 그들이 자주 묻는 질문에 답을 주는 최초상기 제품을 설계한다.

Chapter 6. Mission

- 고객의 페인 포인트를 해결해주는 우리 제품의 매직 모먼트는 무엇인지 점검해보자.

- 이 매직 모먼트를 경험한 고객은 충성 고객이 될 수 있어야 한다. 충성 고객은 제품을 더 자주 방문하고, 더 자주 구매하고, 바이럴을 일으키는 고객임을 기억하고 우리 제품의 매직 모먼트를 측정할 수 있는 지표를 선정해보자.

실무 프로세스
step 4.

: 제품 설계 및 구현(2)

의사결정 노하우
팀원 피드백으로 제품을 완성하는 노하우
제품 또는 프로젝트 리딩 노하우

의사결정
노하우

제품을 만드는 데는 고객 외에도 많은 변수가 있다. 때로는 함께 제품을 만드는 팀원이 가장 큰 변수가 되기도 한다. 모든 제품은 혼자 만들 수 없기 때문이다. 이런 상황에서 다양한 직군의 팀원들과 함께 협업하다 보면 각자의 의견과 아이디어가 쉼 없이 모인다. 그러나 모든 아이디어를 제품에 적용할 수도 없는 노릇이니 무엇을 기준으로 의사결정을 해야 좋을지 막막해진다.

그래서 만들어진 방법론으로 '카노(Kano) 분석법'이라는 것이 있다. 다음 장의 도표가 바로 그것이다. 그러나 뭔가 복잡하고 어려워 보인다. 우리는 이 카노 분석법에서 힌트를 얻어 더 단순하게 제품에 대한 결정 기준을 세워보자.

있으면? 없으면?	만족	중립	불만족
만족	적용 불가	부정적	부정적
중립	비타민	중립	부정적
불만족	바람직	필수	적용 불가

없으면? 열 받는다(비구매, 삭제, 이탈 등)　　　　= 필수

없으면? 열 받진 않지만 있으면 좋을 것 같다　　= 비타민

없으면? 상관없다　　　　　　　　　　　　　　= 백로그

  한마디로 이 기능을 제공하지 않으면 고객이 열 받는다? 그렇다면 '필수' 기능이라고 본다. 예를 들어 20층 호텔에 엘리베이터가 없다면 어떨까? 그 호텔의 평점은 보나마나 최악일 것이다. 그뿐만 아니라 엘리베이터 없이는 정상적인 운영 자체가 불가능할 것이다. 이 경우 엘리베이터는 호텔의 필수 기능이 된다.

  반대로 호텔에 전문 마사지사가 없다면 어떨까? 마사지를 받기 위해 호텔에 방문하는 소수의 사람을 제외하고는 사실 그다지 관심 없거나 아쉬운 수준일 것이다. 그렇다면 이 기능은 굳이 제공하지 않아도 되는 기획자의 욕심(백로그)이라고 볼 수 있다. 또는 추후 호텔이 크게 성공했을 때 호텔을 더 풍요롭게 만들기 위한 전략적 장치(비타민)로 볼 수도 있다. 이런

백로그나 비타민 기능은 어디까지나 비용적 여유가 있을 때 가능한 일이다. 만약 당신이 스타트업에 있거나, 사업성을 검증해야 하는 초기 단계에 놓여 있다면 아쉽지만 그런 여유를 얻을 수 있는 상황은 아닐 것이다.

위와 같은 기준으로 필수 기능을 선별하는 것은 크게 어렵지 않다. 우리의 의사결정을 힘들게 만드는 것은, 없다고 해서 열 받지는 않지만 있으면 좋을 것 같은 '비타민' 기능이다. 예를 들어 호텔에 객실마다 개인 온천이 있다면, 상상만 해도 고객들에게 아주 좋은 경험을 선사할 수 있을 것 같다. 그러나 없다고 해서 고객들이 컴플레인을 걸 만한 일은 아니다. 이런 상황에서 우리는 개인 온천을 설치할 것인가? 과감히 외면할 것인가?

우리는 이에 대한 답을 고객 인터뷰를 통해 얻어보고자, 고객에게 우리가 구상하고 있는 제품의 모습을 설명하곤 한다. 그 설명을 들은 대부분의 고객은 "오, 좋을 것 같은데요?"라는 반응을 보일 것이다. (앞 장에서 언급했지만 우리 제품에 대한 고객의 생각을 직접적으로 물어보는 건 좋은 답변을 얻어낼 수 있는 방법이 아니다.)

이렇게 고객들이 '좋을 것 같다'고 말하는 모든 기능을 덕지덕지 붙이면 우리 제품은 성공할 수 있을까? 정말 고객들은 우리가 상상하고 있는 제품을 실제로도 좋아해줄까? 당연히 그 대답은 '아니오'다. 좋을 것 같은 비타민 기능을 덧붙이면 덧붙일수록 오히려 제품이 점점 기형적으로 변하고 있음을 느끼게 될 것이다.

따라서 우리의 아이디어는 대체로 '비타민' 기능이고, 이 비타민 기능이야말로 냉정하게 평가되어야 함을 항상 자각하고 있어야 한다. 우리가 제공하지 않으면 고객이 열 받거나, 앱을 삭제하거나, 화면을 이탈하거나, 구매하지 않거나, 나쁜 평점을 남기거나, 다시 방문하지 않는 등의 행동으로 이어지지 않는다면, 또는 "있으면 좋겠네요."라는 정도의 리액션을 얻었다면 그 모든 아이디어는 비타민이다.

비타민은 병을 치료해주지는 않는다. 건강한 몸을 더 건강하게 만들어주는 보조 식품이다. 건강하지 않은 몸에 비타민만 들이붓는 것은 비용 낭비라고 할 수 있다. 우리 제품이 고객의 페인 포인트를 치료하는 '필수 기능'에 충실한지 자문해보고, 아직 부족하다고 판단된다면 화려한 비타민 기능은 잠시 백로그에 담아두자.

실무 사례

가계부 앱을 처음 설계하던 당시 가계부 서비스를 제공하기 위해서는 굉장히 많은 기능을 제공해야 한다는 사실을 알게 되었다. 하지만 주어진 시간은 한정적이었고 모든 기능을 개발할 수 없었다. 또한 모든 기능을 제공한다고 성공할 것이라는 보장도 없었다. 직관적인 사용성을 위해서라도 핵심 기능을 선별해야 했다.

그래서 직접 헤비 유저들을 찾아가 가계부 앱이 제공할 수 있는 모든 기능을 나열해두고 이 중에서 가계부를 쓸 때 없으면 안 되는 기능, 없어도 상관없는 기능, 있으면 좋을 것 같은 기능을 각각 선택해달라고 해보았다.

헤비 유저가 고른 가계부의 필수 기능

내가 만난 열댓 명의 가계부 사용자들은 각각 앱, 웹, 수첩, 엑셀 등 다양한 솔루션을 통해 수입과 지출을 관리하고 있었다. 그들은 모두 공통적으로, '항목별 지출량을 확인할 수 있는 파이차트', '지출을 리스트로 확인하는 것', '지출을 달력으로 확인하는 것' 그리고 '월예산 설정'을 필수 기능으로 뽑았다. 이 기능들이 없으면 가계부가 아니라고 생각하며, 가계부에 반드시 필요하다고 응답했다.

이 조사 결과를 기반으로 주요 기능을 정하고, 고객들이 이를 쉽게 찾을 수 있도록 설계했다. 결과적으로 뱅크샐러드의 수많은 기능 중 가장 많은 충성 고객을 만들 수 있었다.

이러한 테스트를 할 때는 고객들이 여러 기능을 쉽게 상상할 수 있도록 제품의 이미지를 가져가는 것이 좋다. 글자로만 보았을 때는 상상하는 것이 저마다 다르기 때문이다. 실제로 이 테스트를 하던 당시 뱅크샐러드 화면을 디자인하기 전이었으므로, 비용을 아끼기 위해 국내외 출시된 가계부 서비스들의 스크린샷을 가져다가 테스트를 진행했다.

팀원 피드백으로
제품을 완성하는 노하우

─────── 제품은 혼자만의 힘으로 완성할 수 없다는 걸 여러 번 강조했다. 각자의 전문성을 요하기 때문이기도 하지만, 한 사람의 관점으로 설계된 제품은 한계가 극명하기 때문이다. 좋은 제품은 함께하는 팀원들과 피드백을 주고받는 과정을 거쳐야만 비로소 완성된다.

'피드백'이라고 하면 어떤 느낌이 드는가? 잔소리, 핀잔, 불만, 방해물 같은 이미지가 떠오르진 않는가? 충분히 이해한다. 피드백을 주는 것도, 피드백을 받는 것도 쉽지 않은 일이다. 때로는 오히려 일이 산으로 가거나, 업무상 불필요한 마음의 상처를 받기도 한다. 그럼에도 제품을 기획하고, 디자인하고, 구현해서, 운영하는 전 과정에서 피드백을 주고받는 일은 필수다. 건강한 피드백 문화를 토대로 제품을 완성시켜감으로써 더 나은 결과물이 나온다고 믿기 때문이다.

물론 모든 과정에서 항상 피드백을 요청할 필요는 없다. 모든 의사결정 하나하나를 서로에게 의존하는 것은 오히려 비효율적이기 때문이다. 피드백 요청은 1) 제품의 사용성 등 고객의 반응을 예측해볼 때, 2) 현실 가능성을 예측해볼 때, 그리고 3) 다양한 사람의 관점을 흡수하고자 할 때 적절히 사용해볼 수 있다.

1. 고객 반응을 예측해볼 때

고객의 반응을 미리 예측해볼 때 피드백을 요청하자. 특히 제품의 사용성을 테스트해볼 때 유용하다. 예를 들어 제품을 사용하기에 불편한 점은 없는지, 중요한 버튼이나 글씨가 잘 보이는지 등이다. 이때는 피드백을 받고 싶은 프로토타입, 디자인 시안, 최소한의 와이어프레임이 필요하다. 그리고 IT 친숙도가 낮은 사람들도 화면을 잘 이해할 수 있는지 확인하는 것이 좋다. 소프트웨어를 다루는 것이 익숙하지 않은 사람도 우리가 디자인한 제품을 잘 사용할 수 있을 만큼 쉽고 직관적인지 확인해보기 위해서다. 제품의 타깃 고객 연령층이 다소 높다면 더욱더 필수적인 과정이다.

─┤ 실무 사례 ├─

모바일 웹 제작 당시, 화면 아래에 고정시켜두는 플로팅 버튼을 오른쪽 하단 귀퉁이에 동그란 형태로 디자인했다. 팀원들에게 사용성 피드백을 요청했더니, 많은 사람들이 이 버튼을 쉽게 발견하지 못했다. 피드백을 반영해 아래를 꽉 채운 바 형태의 버튼으로 디자인을 변경하자, 모든 팀원들이 버튼을 발견했다. 디자이너로서 첫 디자인에 대한 개인적인 욕심이 있어 처음엔 팀원들의 반응을 받아들이기가 쉽지 않았다. 그러나 매출과 관련된 중요한 버튼이었고, 고객의 클릭을 최대한 유도해야 했기에 팀 만장일치로 선택받은 오른쪽 디자인이 더 직관적임을 인정할 수밖에 없었다.

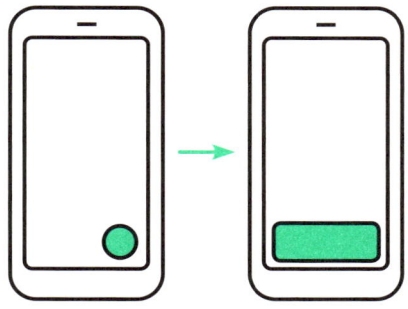

2. 현실 가능성을 예측해볼 때

제품을 이대로 론칭해도 문제가 없는지, 기술적 문제나 비즈니스 계약상 문제는 없는지 등 현실 가능성을 예측해볼 때도 피드백을 요청하자. 보통 기획과 디자인이 모두 완료되면 그때 엔지니어에게 업무 요청을 하는 경우가 많다. 엔지니어는 그때서야 화면 구조를 살펴보고 무엇이 현실적으로 가능하고 불가능한지, 시간이 얼마나 걸리는지 피드백을 하게 된다. 사실 이런 상황에 놓이면 피드백을 받는 사람도 힘이 빠지지만 피드백을 주는 사람의 마음도 그리 편치 않을 것이다.

따라서 와이어 프레임 정도의 수준이 나왔을 때 미리 엔지니어에게 현실화 가능성을 묻거나, 더 효율적인 구조는 없는지 의견을 요청하는 것이 팀워크 면에서나 제품의 효과성과 효율성 면에서도 더 이롭다. 즉 엔지니어와 함께 기획을 하는 것이다. 최대한 미리 합을 맞춰두면 이후에 혹시 모를 업무 비효율을 막을 수 있다.

또한 어떤 계약이 성사되어야만 제공할 수 있는 콘텐츠가 있다면, 우리 제품에 이 콘텐츠를 올려도 되는지나 어떠한 형태로 노출시켜야 하는지, 계약상 문제가 없을지 비즈니스팀과 미리 확인하자. 이를 확인해야 하는 사람은 프로젝트 리더 또는 제품의 리더이지만, 실무진 단계에서부터 이것을 볼 수 있는 습관을 들인다면 비단 회사와 제품에 이로울 뿐만 아니라, 개인의 성장에도 도움이 될 것이다.

3. 다양한 관점을 흡수할 때

다양한 사람의 관점을 흡수하고자 할 때 피드백을 요청해보자. 디자인팀이나 개발팀처럼 제품 설계에 직접적인 영향을 끼치는 직무 외에도 HR, CS, 마케팅팀 등 직간접적으로 제품에 영향을 미치는 직군들의 생각을 종종 들어보는 것도 큰 도움이 된다. 이 경우 꼭 공식 프로세스를 거치지 않더라도 사내 메신저나 사석에서 가볍게 물어볼 수도 있다. 고객들이 이 화면을 어떻게 받아들일지에 대한 다양한 관점을 키우는 데 도움이 될 것이다.

예를 들어 고객 응대를 가장 많이 하는 CS팀의 경우 고객이 직면하는 문제를 가장 잘 알고 있기 때문에, 우리가 설계한 제품을 막상 고객이 사용했을 때 어떤 상황에서 어떤 오해가 예상되는지 의견을 들을 수 있다. 이때 기획 과정에서는 전혀 예상하지 못한 잠재적인 문제가 발견되기도 한다. 제품을 만드는 과정에서 이렇게 나오는 다른 관점에서 업무 경험을 쌓고 있는 팀원들의 의견을 상시로 듣다 보면, 이후에는 굳이 피드백을 듣지 않아도 고객들의 반응이 어느 정도 예측되기 시작할 것이다.

물론 팀원들에게 대뜸 "피드백 주세요!"라고 요청한다고 해서 언제나 모두에게 유의미한 의견을 받을 수 있는 것은 아니다. 그래서 피드백을 요청할 때 그리고 받은 피드백을 해석하는 데는 노하우가 필요하다.

먼저, 어떤 피드백을 받고 싶은지 명확하게 커뮤니케이션 하자. 무턱대고 피드백을 요청했다가는 엄청난 피드백 폭격을 맞을 수 있다. 누군가는 컬러나 형태 같은 시각적인 면에 대해, 누군가는 사용성에 대해, 누군가는 비즈니스 가능성에 대해, 최악의 경우 정말 개인적이고 사소한 불편에 대해 피드백을 줄 수도 있다. 이런 경우 피드백을 받는 것에 숙련되어 있지 않은 사람은 정신적 타격을 입기가 쉽다. 따라서 피드백을 주는 사람들에게 내가 어떤 방향의 피드백이 필요한지 사전에 명확하게 안내하도록 하자.

실무 사례

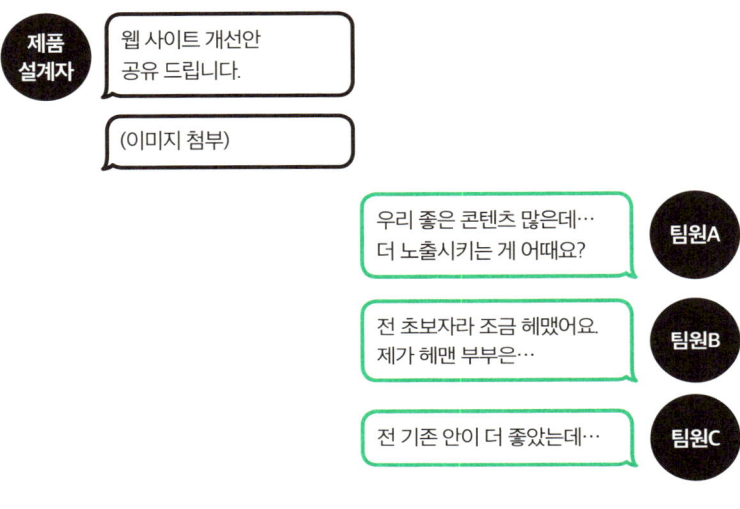

잘못된 피드백의 예

실제로 뱅크샐러드 웹 사이트 첫 화면을 개선하는 과정에서 팀원들에게 피드백을 요청해보았다. 아무런 가이드 없이 팀원들에게 피드백을 요청하자, 각자의 관점에서 자신이 중요하다고 생각하는 부분을 속사포같이 말하기 시작했다. 이렇게 기준 없이 피드백을 요청하면 낭패를 보기 쉽다. 피드백을 요청하는 이유와 범위가 명확할 때 피드백을 잘 주고받을 수 있다.

가계부 앱에 예산 기능을 새로 제공할 예정인데, 고객들이 어려움 없이 월 예산을 세울 수 있는지 확인하고 싶다면 다음처럼 피드백을 요청하자.

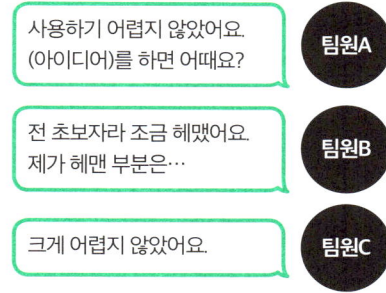

좋은 피드백의 예

    가장 좋은 방법은 '가계부에서 월 예산을 설정해보라'는 미션을 주고 직접 프로토타입을 이용해보도록 하는 것이다. 그리고 이에 대해서만 피드백을 요청한다. 디자인이 아직 진행 중이라면 그래픽에 대한 피드백은 추후 받겠다는 말만 덧붙이면 된다. 그러면 팀원들은 프로토타입을 사용해보니 어떤 점이 편했고 어떤 점이 불편했는지 의견을 줄 것이다. 여기에 더해서 제품을 더 풍성하게 해줄 아이디어를 제안해주기도 한다. 새로운 아이디어가 나왔다는 것은 사용성에는 큰 문제가 없다는 것을 뜻하므로 우리의 목적은 달성한 것이나 다름없다.

팀원들에게 받은 피드백 역시 있는 그대로 다 받아들이기보다는 차분하게 피드백 내용을 분석하고 살펴보는 것이 필요하다. 피드백을 받는 것이 중요하긴 하지만 피드백이 언제나 정답일 수는 없다. 따라서 여러 의견들이 관통하는 하나의 인사이트를 발견할 수 있도록 해보자.

다음 사례를 살펴보자. 언뜻 보면 팀원들의 의견이 다 다른 듯 보이지만 공통적으로 '화면의 직관성이 떨어진다'는 공통점을 발견할 수 있다. 피드백을 잘 받아들이기 위해선 별개의 의견을 관통하는 하나의 인사이트를 발견하는 연습을 해야 한다. 단순한 문제를 해결할 때는 팀원 각각의 피드백을 즉각 반영하는 것이 효과적일 때도 있다. 그러나 문제가 복잡해지면 무비판적인 수용이 독이 될 수 있으니 주의하자. 팀원들이 '왜' 그런 피드

제품 설계자: 사용성 피드백 받습니다! 아래 프로토타입을 통해 데이터를 연동해보세요. *GUI는 별도 요청할게요.
(프로토타입 링크)

팀원A: 글자가 너무 작아서 보기 힘들었어요.

팀원B: 바둑판 리스트는 어때요? 스크롤을 많이 해야 돼서…

팀원C: 특정 데이터를 못 찾았어요.

백을 주었는지 근본적인 이유를 고민해보지 않고 표면적으로만 접근하게 되면, 오히려 처음보다 못하거나 막상 피드백을 준 팀원도 의아하게 느껴지는 결과물이 탄생해버릴 수 있기 때문이다. 따라서 팀원들의 피드백을 통해 근본적인 문제를 찾는 것에 집중해보자.

추가로 피드백을 주고받는 것은 개인의 협업 역량을 보여주는 것이기 때문에 팀원 간의 신뢰 형성에도 좋은 영향을 미친다. 또 자신의 의견이 제품에 반영된다는 사실을 인지한 팀원은 업무에 더 협조적일 수밖에 없다. 모든 사람의 의견을 다 받는 것은 올바른 방법은 아니지만 그들의 의견을 일단 들어보고자 하는 일종의 '쇼맨십'이 필요한 이유다.

제품 또는 프로젝트
리딩 노하우

제품 설계를 주도해본 경험이 있는 사람이라면 누구나, 팀원들에게 나의 의사결정을 설득하는 일에 어려움을 겪어본 적 있을 것이다. 우리는 이 어려움을 극복하기 위해 '설득력'을 키워야 한다고 생각한다. 틀린 말은 아니다. 그러나 설득력을 높이기 위해 화려한 화술이나 커뮤니케이션 스킬이 반드시 필요한 것은 아니다. 또 지식 수준의 문제도 아니다. 예컨대 자신의 의사결정을 설득하기 위해 데이터와 UX 방법론을 언급하지만, 때로는 (특히 초기 단계의 제품은) 숫자로 증명할 수 없는 상황이 훨씬 많다. 또 방법론은 어디까지나 정제된 상황을 가정한 이론이기에 현실에 항상 적합하지 않으며, 사람들은 생각보다 논리적이고 객관적인 사실을 선호하지 않는다.

그렇다면 대체 어떻게 팀원들을 설득하여 제품을 이끌어가야 할까? 일단 그 첫 번째 방법은 팀원들을 내가 주도하는 제품의 설계와 개발 과정에 참여시키는 것이다. 예를 들어, 제품을 만드는 팀원들 아무도 모르게 고객 인터뷰를 진행하면 제아무리 완벽한 조사 결과를 발표한다고 해도 팀원들의 마음을 얻는 것이 쉽지 않다. 특히나 고객 조사 결과는 진행자가 조작한 것인지 정말로 믿을 수 있는 결과인지 의심받기 딱 좋다. 그래서 나는 고객 조사 과정에 타 부서 사람들을 계속해서 참여시키는 방법을 택했다. 밀접한 협업이 필요한 개발, 마케팅, CS팀에게 고객 인터뷰의 서기를 요청해보는 것이다. 실제로 고객의 말과 행동을 직접 본 팀원과 그렇지 않은 팀원은 고객 조사 결과에 따른 의사결정을 내렸을 때 신뢰도 측면에서 큰 차이를 보였다.

물론 이 과정에 참여하는 것은 팀원들의 자발적인 의지여야 한다. 각자의 업무로 급하고 바쁜 와중에 다른 팀의 업무까지 강요할 수는 없다. 인터뷰를 진행하기 최소 2~3주 전에 예고하고 인터뷰 소요 시간과 장소를 공유해서 해당 시간에 참여를 원한다는 직접적인 신청을 받아 진행해보자. 이렇게 인터뷰를 경험해본 직원들을 하나하나 늘려가는 것이 전략이다.

또 제품이 만들어지는 중간 과정을 상시로 공유하는 것도 사소하지만 매우 효과적인 방법이다. 이때는 반드시 간단한 형태로 공유하자. 완벽한 공유를 위해 별도의 문서를 제작하는 것은 공유 시기만 늦출 뿐이다. 내가 어떤 일을 진행하고 있고 앞으로 어떤 일을 할 것인지를 수시로 간략히 공유함으로써 일에 영향을 주고받는 유관 부서의 피드백을 그때그때 받을 수 있고, 나의 업무를 먼저 투명하게 공개함으로써 신뢰 관계를 형성할 수도 있다.

이미 고객 인터뷰를 진행 중이라면, 최소한 해당 프로젝트에 참여하는 팀원에게는 대략적인 진행 상황을 다음과 같이 알리는 것도 좋다.

> 진행 중인 인터뷰 간단히 중간 공유드립니다. 오늘 가계부 사용 10년 차 30대 기혼 여성분을 만났습니다. 직접 만든 엑셀로 가족의 재무를 관리하는 분이었습니다. 그분에겐 아직 저희가 제공하는 화면이 용돈 기입장에 더 가까운 듯했어요. 앞으로 이런 헤비 유저를 5명 이상 만나볼 예정입니다. 인터뷰 진행에 대해 궁금한 점 있으면 이번 주 중 언제든 질문해주세요.

두 번째 노하우는 각 팀의 이해관계를 파악하는 것이다. 이는 피드백 과정을 여러 번 거치다 보면 자연스럽게 체득될 것이다. 특히 IT 제품을 만드는 일은 다른 부서와의 협업이 필수적이다. 그들이 업무에서 중요하다고 생각하는 것이나 주로 고민하는 것이 무엇인지 알고 있으면, 제품을 만드는 과정에서 그들과 함께 성과를 달성하기가 훨씬 더 수월해진다.

마케팅팀은 더 저렴한 비용으로 더 많은 고객을 유입시키고, 구매를 유도하는 것이 목표다. 따라서 고객의 마음을 사로잡을 킬링 콘텐츠(Killing Contents)를 제작하고 후킹 메시지(Hooking Message)를 발굴하기 위한 힌트가 필요한데, 우리가 제품 설계를 위해 진행한 고객 인터뷰 결과가 도움이 될 것이다. 잠재 고객이 해결하고자 하는 문제가 무엇인지, 이상적인 해결법이 무엇인지, 그리고 그와 관련해서 자주 떠올리는 생각은 무엇인지가 마케팅 소재가 되어줄 것이다. 이는 단순히 타 부서의 업무를 돕는 것에 그치는 것이 아니라, 제품 출시와 함께 마케팅을 바로 시작할 수 있게 함으로써 서비스 운영 측면에도 도움이 된다.

디자인팀이나 개발팀 등 제품 개발에 직업 참여하는 팀원과의 협업이나 그들을 이끌어야 하는 경우 유념해야 할 것이 하나 있다. 그들은 자신이 참여한 프로젝트나 제품이 반복적으로 성과가 나지 않으면 동기를 잃고, 협업 시 방어기제가 강해진다는 것이다. 만약 제품 설계에 직접 관여하는 팀원이 이러한 경험을 한 상태라면 프로젝트 진행에 대해, 그리고 리더의 의사결정에 대해 끊임없이 의심을 품을 수 있다. 강한 의심을 품은 팀원이 한 명이라도 있다면, 협업은 당연히 문제가 발생할 수밖에 없고 필연적으로 업무에 비효율이 발생한다.

따라서 그들이 가진 불안과 의심에 대해 프로젝트 시작 전에 충분히 논의해야 이후의 생산성에 탄력을 받을 수 있을 것이다. 프로젝트의 비전은 무엇이고, 이것을 달성하기 위한 목표는 무엇이며, 이 목표의 가치에 대해서도 프로젝트 진행 중에 계속해서 상기시켜주는 것이 좋다. 또한 이러한 업무에 대한 논리적인 설명뿐만 아니라, 팀원들이 조직 내에서 심리적인 안정감을 느끼고 있는지나 목표 달성에 대한 자신감이 얼마나 있는지 등 그들의 정서 상태에도 관심을 가질 필요가 있다. 이를 위해 팀원들의 성향에 따라 가벼운 티타임이나 일대일 미팅을 주기적으로 가져보자.

마지막으로, 때로는 타협도 필요하다. 제품을 만들다 보면, 아무리 돈을 많이 벌 수 있는 일이라고 하더라도 고객경험을 해칠 가능성 때문에 선택할 수 없을 때가 있다. 또 그 반대의 경우도 있을 것이다. 하지만 프로젝트를 추진하다 보면 때론 목표를 달성하기 위해 지혜로운 '타협'이 필요할 수 있다. 이것이 어떤 의미인지 아래 실무 사례를 살펴보자.

실무 사례

뱅크샐러드는 모든 카드사의 모든 카드 정보를 제공함으로써 고객이 스스로 자신에게 가장 많은 혜택을 주는 카드를 선택할 수 있어야 한다는 원칙이 있었다. 이것은 고객 입장에서 무조건 옳고, 회사의 비전에도 부합했다. 그러나 모든 카드사의 모든 카드 정보를 제공하게 된다면, 카드사 입장에서는 굳이 뱅크샐러드 플랫폼에 입점하기 위해 비용을 낼 필요가 없어진다. 고객 만족과 회사의 비전에 집중한 것이 오히려 중개 수수료를 얻기 힘든 구조를 만든 셈이었다. 이 문제를 인식한 뒤 단기적으로는 비즈니스를 위한 타협을 하되 장기적으로는 비전을 달성할 수 있는 형태를 고민하기 시작했다.

그 결과로 입점 계약을 체결한 소수의 카드사의 카드만 웹 사이트에 노출시켰다. 그 후 해당 카드사의 발급량을 토대로 협상력을 올린 뒤 추가로 메인 카드사들을 입점시키는 전략을 취했다. 일정 기간 동안 모든 카드 정보를 제공하지 못하는 불완전한 형태를 띠었지만 결과적으로는 수수료 계약을 완료한 국내 주요 카드사를 모두 입점시키는 것에 성공했다. 즉 비전을 현실화하면서도 효율이 좋은 비즈니스 모델을 구축할 수 있었다.

하지만 이렇게 작은 타협도 용납할 수 없는 순간이 있다. 만약 우리 전략이 순간 돈을 벌 수 있게 해주지만, 장기적으로 비전에 부합할 수 없고 더 나은 고객경험을 제공해주지 않는다면 타협은 할 수 없다. 특히 제품을 운영하다 보면 제품에 광고를 넣음으로써 예상되는 매출이 굉장히 달콤해지기도 한다. 하지만 이것이 일순간 매출을 증가시키더라도 결국은 고객경험을 해치는 일이라면, 그로 인해 앱을 이탈하는 고객이 발생하거나 충성 고객을 잃을 수 있는 위험이 있다. 이 위험이 결과적으로 비즈니스에도 좋은 영향을 주지 못할 것이다.

Chapter 7. 핵심 요약

1. 제품에 대한 수많은 아이디어는 '필수, 비타민, 백로그'로 구분할 수 있다.
2. 팀원들의 피드백은 제품을 만드는 과정에 꼭 필요하다.
3. 제품을 만드는 과정에 팀원들을 (자발적으로) 참여시키자.

Chapter 7. Mission

- 우리 제품이 성공하기 위해 무엇이 필요한지 전체 팀원 또는 제품 설계에 참여하는 팀원들과 아이데이션 회의를 가져보자.
- 팀원들의 아이디어를 필수, 비타민, 백로그로 구분하자.
- 비타민 아이디어가 너무 많다면 그 안에서 비전, 비즈니스, 고객을 기준으로 다시 한번 우선순위를 매겨보자.

실무 프로세스 step 5.

: 출시 후 학습/개선
   (프로토타이핑과 고객 검증)

작은 실패를 감수해야 하는 이유
프로토타이핑과 고객 검증 방법

작은 실패를
감수해야 하는 이유

제품 출시 이후부터는 우리 제품이 성공이냐 실패냐를 깨닫는 순간이기 때문에 설레기도 하고 동시에 긴장되는 순간이기도 하다. 그러나 제품을 세상에 선보이기 전에 성공과 실패를 미리 가늠해볼 수 있어야 한다. 이제 이 단계에서는 '미리 실패해보는 것'이 우리의 목적이 될 것이다. 거대한 진짜 실패를 막기 위해서다.

뱅크샐러드 앱은 두 번의 운영 중단을 겪었다. 지금은 그것이 성장의 밑거름이 되었다고 웃으며 말하지만, 당시는 그저 아름답게 포장할 수만은 없는 상황이었다. 제품을 출시한 후 운영이 진행되는 중간에 내린 결정이었기에 함께 일하는 팀원들의 사기 저하는 물론이고, 결과적으로 1년 이상의 '시간'이라는 비용이 발생했다. 이렇게 출시 후 운영 중단이라는 실패를 감당하는 일은 결코 쉬운 일이 아니었다.

첫 번째 제품의 실패 이유는 초기 기획 당시 아무도 고객에 대한 이해가 없었기 때문이다. 가계부 앱을 만들 것이라고 했으나 기획에 관여하는 사람 중에 가계부를 심도 있게 사용해본 사람이 아무도 없었다. 그러니 시중의 가계부 앱을 살펴본다고 한들 이를 통해 의미 있는 분석을 하기가 쉽지 않은 실정이었다. 결국 가계부를 사용해본 적 없는 사람들이 상상으로 '이상적일 것'이라고 생각하는 가계부를 만들었다. 그 결과 가계부 사용자의 공감을 얻지 못하는 제품을 만들어낸 것이다. '아직 많은 사람들이 제품을 사용해보지 않아서'라는 가설로 마케팅 비용을 사용하기도 했으나 제품을 다운받은 고객 중 제품을 꾸준히 사용하는 고객의 비율은 현저히 낮았다. 밑 빠진 독에 물을 붓는 격이었다. 그렇게 첫 번째 제품은 운영을 중단했다.

두 번째 제품은 첫 번째 실패를 통해 고객을 이해하는 것이 얼마나 중요한 것인가를 깨달은 뒤 수많은 가계부 사용자를 만나 연구한 끝에 만들어진 제품이었기에, 어느 정도 고객을 만족시키는 데 성공했다. 특히 카드 추천에 대한 노하우를 살려 정확하고 공정한 카드 추천을 구현하기도 했던 앱으로, 카드 가계부로도 발전시킬 준비를 하고 있던 와중이었다. 그러나 두 번째 앱의 치명적인 단점은 아이폰 사용자를 끌어들일 수 없다는 점이었다. 지출 데이터를 자동으로 불러오는 여러 기술 중 문자 내역을 긁어오는 기술(문자 파싱)을 이용했는데, 이는 아이폰에는 적용할 수 없는 기술이었다. 아이폰 시장 선점을 위해서는 새로운 앱을 구축하는 것 말고는 방법이 없었다. 그렇게 두 번째 앱 역시 운영을 중단하게 되었다.

이런 큰 결정을 두 번 내리고 나자, 우리의 노력이 성공을 보장하지 않는다는 걸 깨달았다. 우리가 아무리 밤새 고민을 하거나, 뛰어난 전문 지식을 가지고 있다고 한들, 우리의 생각은 틀릴 수 있다는 것이다. 그래서 우리의 생각이 틀렸다는 것을 더 빨리 깨달을 순 없었을지 고민하기 시작했다.

그 고민의 결과로 실패를 예방하고 성과를 극대화할 수 있는 3가지 실무 노하우를 터득했다. 이 노하우는 제품을 만드는 사람이라면 꼭 알고 있어야 한다. 아마 누군가는 이미 여러 아티클 등에서 들어본 내용일 수도 있다. 그러나 실제로 이 개념을 실무에 적용하려고 하면 이것의 핵심이 무엇인지 정말 우리 환경에 적용할 수 있는 것인지 의문이 생기곤 한다. 따라서 내가 직접 시행착오를 겪으며 터득한 경험을 토대로 인프라가 부족한 실무 환경에서도 바로 적용할 수 있는 방법들을 소개하고자 한다.

프로토타이핑과
고객 검증 방법

현재 사용하고 있는 프로토타입 툴이 있는가? 이미 실무에서 사용하고 있을 수도 있고, 아직 툴을 고민하고 있을 수도 있다. 시중에는 많은 프로토타입 툴이 존재하고 각자의 장단점이 있다. 나는 그중에서 '인비전'을 오랜 기간 사용해왔는데, 가장 직관적이고 학습하기에 용이하며 가벼운 것이 장점이다. 협업 툴로 사용하기에도 쉬운 구조로 설계되어 있다. 다만 디테일한 인터렉션 구현에는 한계가 있고, 여러 개의 프로토타입을 제작하거나 고도화된 협업 툴도 함께 사용하기 위해서는 유료 결제가 필요하다. 만약 아직 사용하고 있는 툴이 없거나, 현재 사용하는 툴에 만족하지 못한다면 다른 툴을 체험해보고 우리 회사와 제품에 적합한 툴을 선택해보자. 시중에 나온 여러 프로토타입 툴은 지금도 계속 발전하고 있으며, 대부분 무료 체험이 가능하다.

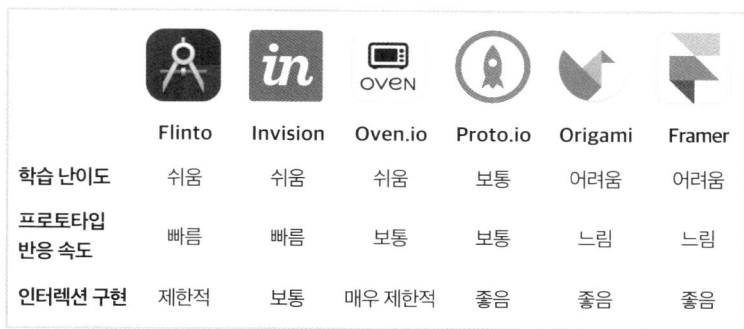

프로토타입 툴 비교

프로토타입을 이용한 검증 방법

　프로토타입(Prototype)은 제품을 양산하거나 출시하기 전 테스트를 위한 시제품을 의미한다. 프로토타이핑(Prototyping)은 프로토타입을 만드는 것을 의미하며, 테스트를 위해 제품을 실제 구현하는 데 드는 비용을 아낄 수 있는 좋은 방법이다. 우리는 프로토타입을 통해 실제 제품이 출시되었을 때 예상되는 문제점이나 고객 반응 등을 미리 확인해보아야 한다.

　위에서 소개한 시중에 출시된 프로토타입 툴을 사용한다면 비개발자, 비디자이너도 프로토타이핑이 가능하다. 단순한 기능 구현은 하루 만에도 완성할 수 있어 빠른 테스트가 필요한 환경에도 적합하다. 또한 프로토타이핑의 가장 큰 장점은 실제 개발에 소요되는 시간과 개발 인력을 투자하지 않아도 제품을 시현해볼 수 있다는 것이다.

프로토타입으로 고객 반응을 예측하는 방법 역시 고객을 만나보는 것이다. 10~20명 내외의 고객을 만나보자. 이때도 불특정 다수가 아닌, 우리 제품의 잠재 고객을 선정해 만나는 것이 필수다. 우리 제품과 전혀 무관한 사람을 만나 의견을 듣는 것은 의미가 없다. 제품 구축을 위해 사전에 만났던 얼리어답터가 있다면 그들의 니즈를 충족시키는 수준으로 설계가 되었는지 확인해보기 위해 다시 한번 인터뷰를 요청한다. 여기에 더하여 일반 대중들의 반응을 예측하기 위해 메이저리티를 얼리어답터보다 더 많은 비율로 만나보는 것이 좋다.

이 인터뷰 역시 그룹보다는 일대일로 진행하는 것을 추천한다. 이유는 프로토타입을 직접 사용해보는 고객들의 비언어를 관찰하기 위함이다. 만약 아이 트래킹 기술이 있거나 인터뷰를 영상으로 기록하고 분석할 인력이 충분하다면 그룹 인터뷰가 효율적일 수 있지만, 이런 인프라를 갖춘 회사는 많지 않을 것이다. 따라서 일대일 심층 인터뷰로 진행하며 프로토타입을 사용하는 고객을 자세히 관찰해보자. 어디에서 손을 머뭇거리는지, 이해가 어렵다는 표정을 짓지는 않는지 등의 비언어를 살펴보며 개선점을 발견하자.

프로토타입 검증을 통해 확인해야 될 것은 3가지다. 1) 우리가 탄제문을 잘 도출했는지, 2) 제품 사용에 불편함이 없는지, 3) 고객이 우리가 원하는 행동을 하는지다.

1. 탄제문을 잘 도출했는가

먼저 탄제문을 잘 도출했는지 확인해보자. 우리가 만든 프로토타입을 경험함으로써 고객이 해결하고 싶었던 문제가 해결되었는지, 원래 사용하던 제품보다 더 만족스러운지, 가장 중요한 기능을 한번에 찾을 수 있는지 확인해본다. 프로토타입을 사용하는 고객을 관찰하는 것은 설레고 떨리는 일이다. 프로토타입 제작 이전에 인터뷰를 진행했던 고객을 다시 만나면 그가 기대했던 모습의 제품인지 조마조마하게 지켜보게 된다. 얼리어답터에게 가치를 인정받고, 메이저리티가 제품을 쉽게 이해하고 사용한다는 것은 제품적으로도 비즈니스적으로도 큰 의미가 있기 때문이다.

2. 사용성에 불편이 없는가

제품을 출시하고 나면 제품을 사용하는 고객을 실제로 만나기가 쉽지 않다. 프로토타입이 있다면 고객들이 어디에서 머뭇거리는지, 우리가 예상한 대로 사용하는지, 그 모습을 직접 관찰할 수 있다. 그들이 느끼는 생생한 불편 하나하나가 출시 후 실제 고객들이 겪게 될 상황이라고 보아도 무방하다. 아니 오히려 눈앞에 기획자가 있기에 조금 더 자세히 들여다보는 것이지, 실제는 그보다 더 무신경하게 사용할 것이라는 걸 감안해야 한다. 따라서 제품을 개선할 수 있는 물리적 여유가 있는 지금, 냉정한 평가를 많이 받아두자.

3. 고객이 우리가 원하는 행동을 하는가

마지막으로 제품을 출시함으로써 우리의 KPI 등 업무 목표를 달성할 수 있을지 예측해본다. 특히 매출에 직결되는 주요 버튼을 클릭하는지, 클릭한 뒤 실제 결제하는 과정을 무사히 마치는지 등을 살펴본다. 그리고 프로토타입 사용이 끝나고 난 뒤 추가 인터뷰를 통해 인터뷰 상황이 아니었다면 실제로 구매를 했을 것 같은지, 그 이유가 무엇인지 물어본다. 그에 대한 답변을 분석하여 고객들의 심리를 이해해보고 제품 개선의 포인트를 찾아보자. 만약 제품이 복잡하거나, 여러 기능을 검증해야 되는 상황이라면 프로토타입을 사용하는 고객에게 다음과 같은 가이드를 제공하면 좋다.

> 아래 순서에 따라 프로토타입을 이용하세요.
> 이용하시면서, 설문에 응답해주시면 됩니다.
>
> 1 회원가입 후 금융사를 연동하세요
> 2 MY금융탭에서 금융사를 추가 연동하세요
> 3 MY금융탭에서 순자산 '자세히보기'를 눌러주세요.
> 4 가계부 > 리스트에서 고정비와 메모가 있는 내역을 확인하세요
> 5 가계부 > 통계에서 다양한 통계를 확인하세요
> 6 설정에서 고정비 관리 기능을 확인하세요
> 7 금융비서의 주간리포트 조언을 확인하세요
> 8 금융비서의 금융예보 조언을 확인하세요
> 9 금융비서 > 맞춤뉴스를 확인하세요
> 10 금융비서 > 이벤트를 확인하세요

한꺼번에 모든 기능을 이용한 뒤 인터뷰를 진행하면 고객의 기억이 왜곡될 수 있다. 기능별로 각각 사용해보고 해당 기능에 대해서만 인터뷰를 진행하는 것을 추천한다.

프로토타입은 반드시 실제 출시될 서비스나 제품과 동일한 환경으로 세팅해주어야 올바른 테스트 결과가 나올 수 있다.

간단한 프로토타입을 만드는 데 많은 시간이 걸리지 않으니, 고객 인터뷰 일정이 없을 때도 수시로 제작하여 팀원들의 피드백을 받아보는 것을 업무 습관으로 만들어보자. 고객 인터뷰에서 듣게 될 의견을 미리 들을 수도 있고, 다른 관점을 가진 사람들의 반응도 예상할 수 있게 될 것이다. 만약 프로토타입을 만드는 것도 여의치 않은 상황이라면 고객이 이해할 수 있도록 이미지 형태라도 준비하여 피드백을 받아보자.

Chapter 8. 핵심 요약

1. 제품을 출시하기 전, 프로토타이핑을 통해 개발 비용을 사용하지 않고 성과를 예측해보자.

2. 프로토타입을 사용해본 고객들의 반응을 통해 고객 만족도, 사용성, 목표 달성 여부를 예측해보자.

3. 프로토타입은 실제 제품과 최대한 유사하게 제작하자.

Chapter 8. Mission

- 제품을 사용하는 고객에 대해 우리가 기대하는 반응을 적어보자.
- 그리고 고객 또는 제3자가 실제로 그렇게 느끼는지 인터뷰를 통해 검증하자.
- 진행하고 있는 프로젝트의 프로토타입을 제작하여 이것을 사용하는 모습을 관찰해보자.

* 이때 제품을 함께 만드는 팀원이 아니라, 관여도가 낮은 제3의 인물을 선정하는 것이 좋다.

실무 프로세스 step 5.

: 출시 후 학습/개선
 (린 프로세스)

린 프로세스란?
린 프로세스 1. 가설 세우기
린 프로세스 2. 검증하기
린 프로세스 3. 학습하기
MVP 스펙이 너무 크다면?

린 프로세스란?

제품을 일단 세상에 던져본 뒤, 고객의 실제 반응과 실제 데이터를 통해서 점진적으로 제품을 개선하는 '린 프로세스(Lean Process)'에 대해 알아보자. IT 업계 종사자라면 '린'이라는 개념을 많이 들어보았을 것이다. 린 프로세스는 '린 스타트업 프로세스'라고도 한다. 이 프로세스를 강조하는 이유는 제품 개발 과정에서 낭비를 최소화하면서도 고객의 만족을 극대화할 수 있는 가장 효율적인 방법이기 때문이다. 이러한 이유로 제품을 통해 빠르게 성장해야 하는 스타트업에서 주로 선택하는 방법이기도 하다.

제품의 실제 성과를 빨리 확인해보고 점진적으로 개선하면서 제품을 완성시킬 수 있다는 것이 린의 가장 큰 장점이다. 또한 별도의 툴을 구매할 필요가 없다. 단점은 비즈니스 상황과 리더의 의지에 따라 진행이 어려울 수 있다는 점이다. 린 프로세스는 프로젝트를 주도하는 리더의 의지가 굉장히 중요하다. 우리가 생각하는 완벽한 제품은 무엇인지, 그중에서 어떤 부분을 먼저 출시하여 반응을 볼지, 무엇을 학습하고 개선해서 제품을 완성해나갈 것인지 등 프로젝트 차원에서의 고민과 결단이 필요하기 때문이다.

간혹 모든 아이디어와 기능을 담은 제품을 시장에 선보이는 것이 불가피한 경우도 있다. 물론 이러한 결정이 절대적으로 '불가피한' 경우는 아주 드물다. 그러나 때때로 투자 유치나 경쟁 상황에서의 전략적인 선택일 수 있는데, 이때는 점진적인 배포와 실험, 즉 린 프로세스는 포기해야 한다. 이런 제품은 최소 3개월 이상의 비용이 필요할 것이다. 3개월 이후 우리의 결정이 틀렸다는 것을 깨닫고 난 후에는 그 비용을 회복할 방법이 없다. 따라서 우리가 그만큼의 비용을 투자했을 때 고객 또는 시장으로부터 원하는 반응을 충분히 얻을 것이라는 확신이 있을 때 시도해야 한다. 그렇지 않다면 더 효율적이고 효과적인 제품 개발 전략을 위해 더 나은 방법, 즉 린 프로세스를 적극적으로 고려해보자.

린 프로세스를 효과적이고 효율적으로 운영하려면 제품의 가치를 측정해볼 수 있는 최소한의 단위로 제품의 스펙(Spec)을 쪼개어 점진적으로 제품을 완성해가야 한다. 이때 '제품의 가치를 측정해볼 수 있는 최소한의 단위'를 MVP라고 한다. 이 MVP라는 개념과 MVP를 통해 린 프로세스를 운영하는 방법에 대해 지금부터 자세히 알아보자.

MVP란?

MVP는 Minimum Viable Product의 약자이다. '미니멈(Minimum)' 이라는 단어에 집중해 MVP를 '가장 작은 단위의 제품'으로 오해하는 사람도 있다. 그러나 이 MVP의 진짜 의미는 '제품의 가치를 경험할 수 있는 최소한의 단위'다. 운송 수단이라고 하면 바퀴 하나가 아니라 사람을 운반할 수 있는 가장 작은 단위, 예를 들어 '널빤지에 바퀴를 단 모습'이나 '스케이트보드'와 비슷한 형태가 MVP가 될 수 있다.

린 프로세스는 제품을 세상에 선보이고 세상의 반응, 즉 고객과 시장의 반응을 통해 점진적으로 제품을 완성해나가는 과정이다. 점진적인 완성이 가능하기 위해서는 출시한 제품의 결과를 학습하는 것이 필요하고, 학습을 하기 위해서는 제품에 대한 고객 가설이 세워져 있어야 한다. 따라서 이 고객 가설을 측정할 수 있는 최소한의 제품 단위가 MVP이고, 린 프로세스를 운영한다는 것은 곧 MVP를 개발한다는 것과 같다는 것을 기억하자.

린 프로세스의 핵심

린 프로세스를 검색해보면 굉장히 다양한 도식 이미지를 볼 수 있는데, 이를 다 알 필요는 없다. 린 프로세스와 관련한 책을 굳이 읽어볼 필요도 없다. 린의 핵심만 이해하고 실무에서 직접 도입해보는 것이 가장 좋은 학습이다.

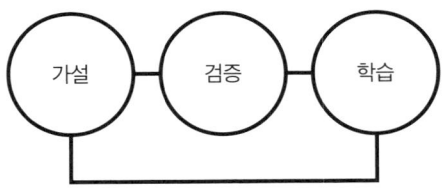

핵심은 이 3가지다. 1) 제품과 고객에 대한 가설을 세우고, 2) 이를 MVP로 개발하여 출시한 후 검증하고, 3) 그 결과를 학습하는 것이다.

린 프로세스
1. 가설 세우기

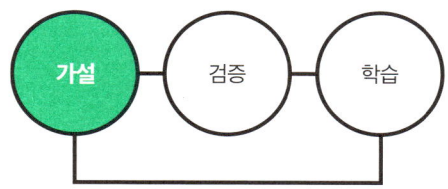

─────── 먼저 우리 제품에 대한 고객 가설을 세워보자. 가설을 올바로 세워야 이후 검증과 학습 과정에서도 의미 있는 결과를 도출할 수 있다. 그러나 중요한 만큼 가장 실수하기 쉬운 과정이다.

가계부 앱 리텐션 지표를 올리기 위해 '예산 설정 기능을 제공하면, 가계부 사용자가 더 자주 방문할 것이다.'라는 가설을 세웠다고 가정해보자. 이 가설은 어떻게 세워진 걸까?

가설을 세우기 위해서는 기본적으로 고객에 대한 이해와 인사이트가 있어야 한다. 그래야만 미래를 비교적 정확히 예측할 수 있기 때문이다. **가설은 미래를 예측하는 것과 같아서, 아무런 근거 없는 가설에 비용을 들여 검증하는 것은 허공에 노를 젓는 것과 같다.** '예산 설정 기능을 제공하면 더 자주 방문할 것이다.'라는 가설은, 이전의 가계부 사용자를 이해하기 위한 과정에서 가계부 헤비 유저, 즉 얼리어답터를 연구했던 결과를 기반으로 한 것이다.

그들이 가계부를 사용하는 이유와 궁극적인 목표는 '지출을 통제함으로써 자산을 불리기 위해서'다. 따라서 가계부 사용자는 월 단위로 지출을 관리하고 이번 달 예산을 얼마나 사용했는지 수시로 확인하는 것이 주된 행동 패턴이다. 이러한 사실에 기반하여 우리 앱에서 예산을 설정할 수 있는 기능을 제공하면, 앱에 더 자주 방문하게 될 것이라는 가설을 세울 수 있었던 것이다.

가설을 세울 때 가장 많이 하는 실수는 제품 설계자, 기획자 또는 팀원 개인이나 창업자의 희망 사항을 가설로 내세우거나 누구에게나 당연한 말을 가설로 내세우는 것이다. 예를 들어 '고객은 적금 상품을 가입할 때 금리가 가장 중요할 것이다.'라는 가설은 검증할 가치가 없다. 언뜻 보면 테스트해보아야 할 가설인 것 같지만 누구에게나 너무나 당연한 말이기 때문에 검증할 필요가 없다. 동일한 조건에서 금리 1% 적금과 2% 적금이 있다면 모두가 2% 적금을 선택하는 것은 당연하지 않겠는가? 혹시 지금 우리도 이런 당연한 가설에 비용을 들이는 실수를 하고 있진 않은지 점검해보자.

린 프로세스
2. 검증하기

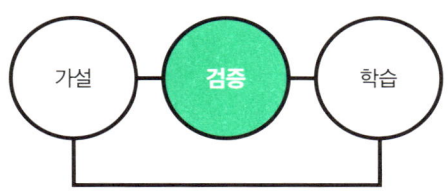

　　　　　　이제 이 고객 가설을 검증하기 위해 제품을 설계하고 개발하여 출시를 준비한다. 이때 검증 단계에서 중요한 것은 바로 MVP, 검증에 필요한 최소한의 비용만 사용하는 것이다. 제품을 만드는 데는 수백, 수천 가지의 아이디어가 있다. 이 모든 것을 담은 완벽한(사실은 우리가 완벽하다고 느끼는) 제품을 고객에게 선보이면 좋겠지만, 그러기 위해서는 많은 인력과 시간과 비용이 필요하다. 더군다나 그 완벽한 제품이 성공할 것이라는 보장도 없다. 많은 시간과 비용을 들인 제품이 실패한다면 우리가 받게 될 타격은 그만큼 커진다.

다시 말하지만 린 프로세스의 목적은 실패 비용을 최소화하는 것이다.

앞서 '예산 기능을 제공하면 가계부 사용자가 앱에 더 자주 방문할 것이다.'라는 가설을 검증하기 위해 예산 기능을 설계하는 상황으로 다시 돌아가보자. 예산 기능 하나를 만드는 데에도 수많은 아이디어가 나왔다. 이것을 추리고 추려서 4가지의 아이디어가 남았는데, 여기에서 어떤 것을 선택하고 어떤 것을 버려야 할까? 이 모든 것이 모두 MVP일까?

우리는 '예산 기능의 성과'를 보고 싶은 것이기 때문에 예산을 관리하는 데 필수 기능이 아닌 것은 과감히 삭제해야 한다. '필수' 기능은 앞서 설명했다시피 없으면 고객이 열 받는 것(앱을 이탈하거나 삭제하는 것, 별점 테러를 하는 것, 재방문하지 않거나, 구매하지 않는 것 등)을 뜻한다. 이를 기준으로 '월 예산을 세우는 것'과 가계부 사용자들이 중요하게 생각하는 '항목별 예산 기능'만이 필수 기능이다. 여기에 더하여 예산 기능을 통해 검증하고자 하는 '재방문율' 데이터 측정 준비도 MVP에 포함되니 놓치지 말자. 나머지는 예산 기능을 출시한 뒤 고객 반응을 살펴본 뒤에 적용해도 늦지 않다.

이렇게 예산 기능을 출시한 뒤 검증 기간을 가진다. 예산 기능은 월 단위로 이용하는 제품이기 때문에 최소 3개월의 시간이 필요하다. 만약 스타트업 환경이라면 이 정도의 기간은 제법 긴 시간이기 때문에 실무에 적용할 때는 최대한 빨리 검증할 수 있는 구조로 계획을 짜는 것이 좋고, 그렇지 못한 상황이라면 동시에 다른 기능이나 제품에 대한 테스트도 병렬로 진행하며 비즈니스 타임라인을 효율적으로 운영해보자.

또한 검증 기간 동안 마케팅이나 푸시 알림 등 특정 시간이나 특정 기능에 방문자 수가 늘어날 수밖에 없었던 상황은 없었는지를 함께 고려하여 성과를 측정해야 한다. 만약 외부 환경에 의해 데이터가 뛴 경우 해당 데이터는 무시한다.

예산 기능의 가설 검증 결과, 론칭 직후 월 방문자 수가 증가했다. 그러나 3개월 이상이 지나자 다시 방문자 수가 줄어들었다. 이 경우 우리의 가설은 통한 것일까, 틀린 것일까? 이제 우리의 검증 결과를 학습해보자.

린 프로세스
3. 학습하기

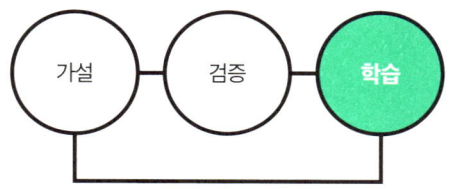

_____ 이제 우리의 가설을 기반으로 한 검증 결과를 학습해보자. 예산 기능 출시 후 방문자 수가 올랐다는 것은 가계부 사용자들이 예산 설정에 대한 니즈가 있다는 것을 의미한다. 그러나 그 후 다시 방문자 수가 줄었다는 것은 더 이상 예산 기능을 사용하지 않는다는 것이다. 이것에 대한 학습 결과로 새로운 가설을 세워야 한다. 예산 기능에 대한 검증 결과를 들여다보자. 가계부 사용자는 자산 증식을 위한 유일한 수단으로 월 단위

로 지출을 통제한다. 그런데 왜 우리가 제공한 월 예산 기능을 지속적으로 사용하지 않는 것일까?

가계부 사용자는 월 지출을 아낄수록 자산 증식 목표에 가까워진다. 따라서 예산 기능을 통해 매우 도전적인 예산을 세웠을 것이고, 계속해서 예산을 초과하고 타협하는(다시 예산을 조정하는) 과정을 반복했을 것이다. 그리고 결국 예산 기능을 사용하는 것이 지출을 아끼는 데 도움이 되지 않는다는 걸 깨달았을 것이다. 오히려 기존에 하던 방법대로 지출하기 전 항목별 지출 파이차트를 확인하거나 지금까지 사용한 월 지출의 총액을 확인하는 것만으로도 충분하다는 사실을 깨닫고 예산 기능에 더 이상 방문하지 않았을 것이다.

이 결과를 통해 예산 기능은 기존 가계부 사용자 스스로 지출을 통제하던 행동 패턴보다 더 쉽고 효과적인 솔루션이어야 한다는 것을 학습했다. 이러한 학습 결과를 통해 예산 기능을 어떻게 개선하면 좋을지, 또는 예산 기능을 계속 고도화하는 것이 비즈니스적으로 유의미한지에 대해 더 근본적인 질문이 가능해진다. 이를 기반으로 새로운 고객 가설을 다시 세우고 제품을 통해 검증하고 재학습하는 것이다.

이렇게 린 프로세스는 한 번의 루틴으로 정답을 찾는 것이 아닌, 우리의 장기적인 계획이 정답인지 단기간에 확인하고 빠르게 개선하기 위한 방법이다. 이 과정을 통해 큰 실패를 예방하고, 고객의 데이터를 자주 학습함으로써 우리 제품과 고객에 대한 인사이트를 축적하며 고객에게 최적화된 제품을 만들어나가자.

MVP 스펙이
너무 크다면?

──────── 물론 린 스타트업 프로세스가 모든 스타트업 환경 또는 모든 제품 기획 환경에 적합하진 않을 수 있다. 특히 MVP 스펙(Spec)을 도저히 줄일 수 없는 제품도 있다.

뱅크샐러드의 '카드 추천'도 그런 제품 중 하나였다. 개인화된 카드 추천이 가능한 서버 엔진을 구현하기 위해서는 최소 수개월이 걸렸다. 그리고 카드 추천의 가치를 검증하기 위한 최소한의 스펙은 이 추천 엔진을 검증하는 것이었다. 하지만 비즈니스 모델을 구축하는 데만 수개월을 쓰는 것은 너무 비효율적이었다. 여기서 MVP 조율이 필요했다.

궁극적으로 개인화 추천을 제공하면서도 그 전에 우리가 줄 수 있는 가치가 무엇일까 고민해보았다. 개인화 카드 추천 이전에 '카드를 쉽게 발급받는 경험' 역시 고객에게 줄 수 있는 중요한 가치다. 따라서 모바일에서 카드 발급 경험이 매끄러운 카드사 중 카드 혜택이 좋은 상품들로 순위를 매겨 고객이 선택할 수 있도록 제공하기로 했다. 이 경우 굉장히 빠른 시간 내에 출시가 가능하면서도 동시에 매출이 발생하는 구조였다. 매출이 발생하는 기간 동안 개인화 엔진, 필터링 기능, 이벤트와 같은 정성적 혜택을 추가하는 등 점진적으로 제품을 완성해나갈 수 있었다.

   물론 처음부터 이런 결정이 가능했던 것은 아니다. 고객에게 완벽한 제품을 만들어 내보내는 것이 모두의 욕심이고 원칙이었기 때문에 린 프로세스를 진행하는 것에 어려움을 겪기도 했다. 그러나 완벽한 제품을 만들었음에도 불구하고 고객의 외면을 받을 수 있다는 것을 깨달은 뒤로는 비즈니스 실험을 할 수 있는 최소한의 스펙으로 론칭하고, 점진적으로 개선함으로써 완벽한 고객경험을 설계해나가는 융통성을 발휘할 수 있게 되었다.

Chapter 9. 핵심 요약

1. 린 프로세스의 핵심은 '가설 > 검증 > 학습'이다.

2. 고객 인터뷰를 통해 이해한 고객 인사이트를 토대로 검증할 가치가 있는 고객 가설을 수립한다.

3. 제품의 가치를 검증할 수 있는 최소한의 단위, MVP를 출시한다.

4. 검증 내용을 학습하여 새로운 고객 가설을 세운다.

Chapter 9. Mission

- 우리 제품의 MVP를 도출해보자.

- 완벽한 그림이 그려져 있는 상황이라면, 먼저 MVP 스펙을 론칭한 이후에 제품을 어떻게 점진적으로 성장시켜나갈 것인지도 계획해본다.

실무 프로세스
step 5.

: 출시 후 학습/개선
(A/B 테스트)

A/B 테스트
테스트 목적과 가설 세우기
비교 변수 설정하기

A/B 테스트

A/B 테스트는 UI를 최적화하고 주요 지표의 목적을 달성하기 위한 방법이다. 간단한 상황을 예로 들어보자. '구매하기' 버튼의 클릭 수를 올리고 싶은 상황이다. A안은 '구매하기' 버튼의 컬러를 붉은색으로, B안은 푸른색으로 지정한다. 그리고 A와 B 2가지 안을 각 다른 고객군에게 50 대 50으로 노출시킨다. B안 버튼의 클릭 수가 A안보다 더 높았다는 결과를 확인했다면 모든 고객에게 B안을 노출시킨다. 이렇게 우리의 목표를 달성하기 위해 가설을 세우고, 비교 변수를 설계하여 고객의 실제 행동 데이터를 통해 제품을 점진적으로 고도화시키는 방법이다.

A/B 테스트의 장점은 실제 고객 반응을 숫자로 확인할 수 있기 때문에 비교적 객관적인 결과를 도출할 수 있다는 점이다. 다만 데이터 모수를 확보하기 위해서 충분한 시간이 필요하다는 점, 데이터 측정을 위한 전문 인

력(테스트를 세팅하고 측정하고 이를 관리할 인력)이 필요할 수 있다는 점을 고려해야 한다. 데이터 측정에 사용되는 툴은 기업을 대상으로 하기 때문에 비교적 비싼 편에 속한다. 또한 신규 제품을 출시할 때는 측정할 수 있는 데이터가 없으므로 A/B 테스트가 불가능하다.

따라서 A/B 테스트는 제품을 출시한 뒤 고객의 모수가 확보된 후 특정 기능의 지표를 올려야 할 때(그로스해킹) 적합하다. 예를 들어 다운로드 대비 회원가입율, 구매 버튼 클릭 수, 유입 대비 구매 전환율을 늘리기 위한 전략으로 활용될 수 있다.

최근 그로스해킹(Growth Hacking)에 관심을 가지는 실무진들이 많다. 어떤 툴을 써야 하는지, 툴을 미리 학습해야 하는지에 대한 고민이 많을 것이다. 데이터 애널리틱스나 사이언티스트로 커리어를 희망하는 것이 아니라면, 시중에 나온 데이터를 모두 학습해보는 것은 큰 의미가 없다. 일단 데이터를 측정하는 툴은 웹은 구글 애널리틱스, 앱은 파이어베이스, 앰플리튜드 등이 있다. 이 툴들은 사내에서 어떻게 세팅하느냐에 따라서 사용 방법이 천차만별이다. 따라서 입사 전에 미리 툴을 학습했다고 하더라도, 회사 내부의 세팅 환경을 학습하는 비용을 아낄 수 있는 건 아니다.

제품 설계자로서 그보다 더 중요한 것은 어떤 가설을 세우고 측정해야 하는가, 비즈니스 성장을 위해 어떤 지표를 보아야 하는가, 검증을 위한 제품 내 실험 환경을 어떻게 조성해야 하는가, 지금 목표 달성을 위해 A/B 테스트가 필요한가 아닌가 등에 대한 적합한 의사결정을 할 줄 아는 것이다. 만약 A/B 테스트가 필요한데 내부에서 해결할 수 없다면, 전문 인력을 영입하는 것도 방법이다.

  따라서 회사가 완전히 초기 단계에 있거나, 아직 아이템을 물색하고 있는 중, 출시하기 이전, 출시했으나 여전히 실험이 필요한 상황이라면 세분화된 데이터 측정이나 무조건적인 데이터 기반 의사결정에 너무 목매지 않길 바란다. 월·주·일 활성화 수, 특정 버튼의 클릭 수, 회원 수 증감 트렌드 정도만 확인할 수 있도록 준비하자.

  이 책에서는 데이터 측정을 위한 인프라가 갖춰진 회사에서 데이터팀 또는 엔지니어와 협업할 디자이너, 기획자가 테스트를 세팅하는 과정에서 흔히 할 수 있는 실수를 예방하기 위한 내용을 중점적으로 다루고자 한다.

테스트 목적과
가설 세우기

A/B 테스트를 세팅하기 위해 제품 설계자가 분명히 해야 하는 것 2가지가 있다. 테스트 목적과 가설을 세우는 것, 성과를 측정할 비교 변수를 딱 1개씩 세팅하는 것이다.

먼저 테스트의 목적과 가설을 세우는 것에 대해 알아보자. 모든 테스트는 그 목적과 가설이 불분명하면 테스트를 진행하는 것이 무의미하다. 우리가 이 테스트를 하는 이유가 무엇이고 어떻게 해야 더 좋은 결과가 나타날 것인지에 대해 보다 구체적인 계획을 세우자.

회원가입율과 같은 전환율을 올리는 데도 A/B 테스트가 적합하다. 그러나 회원가입의 경우 가입만으로 의미가 있는 제품은 많지 않다는 걸 기억하자. 뱅크샐러드의 경우 회원가입부터 금융 데이터를 불러오는 것까지의 과정을 '의미 있는 회원가입 전환율'이라 정의했다. 여기까지 도달해야 제품의 첫 경험에서 매직 모먼트를 느낄 수 있기 때문이다. 제품의 매직 모먼트를 경험한 고객과 그렇지 않은 고객은 제품 충성도에서 큰 차이를 보인다는 것은 이미 앞서 설명했다. 모든 제품은 매직 모먼트를 가장 빨리 느낄 수 있어야 성공할 수 있다.

그러나 금융 데이터를 모두 모아오는 경험, 즉 매직 모먼트를 느끼려면 데이터를 등록하기 이전의 관문을 넘어야 했다. 첫 번째 관문은 이메일과 페이스북 계정을 입력하고, 본인 인증 절차까지 마치는 것이었다. 실제로 고객들은 계정 등록과 본인 인증을 모두 진행해야만 하는 제품의 구조에 심리적 부담감을 느꼈고, 이탈율이 점점 높아졌다.

이 첫 번째 관문의 전환율을 올리기 위해 가설이 필요했고 고객과 팀원을 대상으로 인터뷰를 실시했다. 기존 경험에서 어떤 감정을 느꼈고 무엇이 불편했는지를 물어보았다. 또 회원가입 경험이 아주 매끄럽게 설계된 타 서비스도 분석했다. 그 결과 회원가입 시 입력해야 되는 폼이 많아 개인정보를 너무 많이 제공해야 된다는 느낌을 받는다는 것을 알게 됐다. 이를 바탕으로 가입을 위해 꼭 필요한 정보만 받되, 한 화면에 여러 입력 폼을 제공하지 않고, 하나의 입력 폼만을 제공하는 것으로 바꾸었다.

개선안과 기존안을 50 대 50 비율로 A/B 테스트를 진행했고, 개선안에서 더 나은 전환율을 확인할 수 있었다. 효율적인 진행을 위해 기술팀과의 협업으로 A/B 테스트 데이터 측정은 '파이어베이스'로 진행했으며, 모든 OS에서 테스트를 진행하지 않고 안드로이드 환경에서만 진행했다. 테스트 기간은 대략 3주 정도 진행하였으며, 개선안으로 100% 적용하였다.

비교 변수
설정하기

A/B 테스트를 진행할 때 비교하고자 하는 변수는 반드시 1개씩 두어야 한다는 게 무슨 말일까? 사례를 보는 것이 이해가 빠를 것이다.

아래 화면에서 동그란 버튼을 더 많은 고객이 누르도록 유도하는 것이 미션이다. 웹이나 앱을 운영하는 실무진이라면 익숙한 상황일 것이다.

이 경우 위 예시는 잘못된 세팅 상태다. 메인 메시지, UI 형태, 버튼 컬러 총 3가지의 변수를 두었다. 만약 B안이 성과가 좋았다고 해도 그 이유가 메시지 때문인지 버튼 컬러 때문인지 알 수 없다. 따라서 변수는 반드시 1개씩 세팅하고, 나머지는 철저히 똑같은 환경으로 통제해야 한다. 심지어 마케팅으로 들어온 고객인지, 자연 유입이라면 어떤 경로로 들어온 고객인지까지 통제하는 것이 좋다.

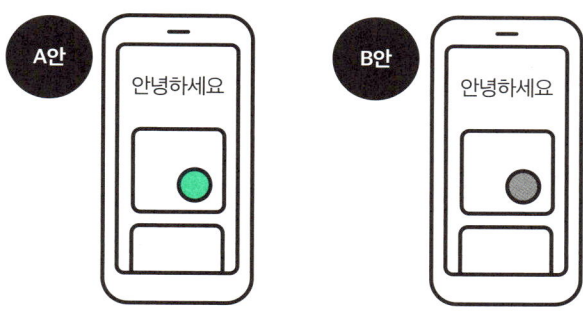

위와 같이 변수는 하나만 두자. 그러나 버튼 컬러에 대해서만 테스트할 것이 아니라 메인 메시지가 달랐을 때, UI 형태가 달랐을 때의 결과도 측정하고 싶을 수 있다. 만약 메인 메시지로도 테스트를 하고 싶다면, 버튼 디자인은 동일한 상태에서 메인 메시지만 다른 새로운 A/B 테스트를 열어야 한다.

사람의 심리는 복잡하기 때문에 이렇게 조금의 차이만으로도 지표가 오르내리곤 한다. 따라서 중요한 비즈니스 지표를 성장시키기 위해 새로운 기능이나 이벤트를 여는 것에 한계를 느끼고 있다면, A/B 테스트를 통해 제품과 비즈니스 지표를 최적화시켜보자.

Chapter 10. 핵심 요약

1. 테스트 목적을 분명히 하고 가설을 세운다.

2. 비교해볼 변수는 1개씩 설정한다.

Chapter 10. Mission

- 지표를 끌어올리기 위해 고객 가설을 세우고 A/B 테스트를 해보자.

* 인프라가 있다면 실제로 이를 테스트해보고, 인프라가 없다면 A와 B안의 프로토타입을 제작하여 고객 또는 팀원 인터뷰를 진행해보자.

나만의 실무
노하우 만들기

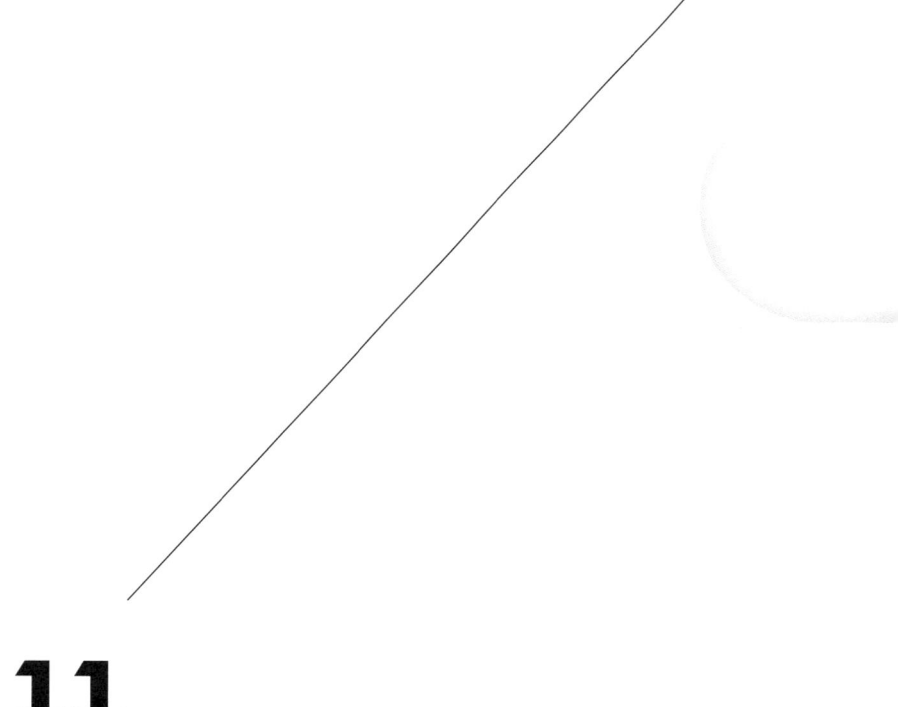

11

열심히 만들면 알아줄 거라는 착각 버리기
특정 기능에 매몰되지 않기
방법론, 이론에 매몰되지 않기
고객 문서를 적극적으로 활용하기
고객의 말을 맹신하지 않기

열심히 만들면 알아줄 거라는
착각 버리기

우리의 노력을 고객이 외면할 수도 있다. 우리가 열심히 밤을 새우고 애정을 담아 만들면 세상이 알아줄 것만 같지만 이는 착각이다. 가슴 아프지만 말이다. 나 역시 그러한 믿음으로 여러 제품을 만들었지만 돌아온 것은 고객의 싸늘한 반응과 제품의 운영 중단이었다.

여러 시행착오를 통해 느낀 것은 내가 먼저 객관적이고 냉정하게 제품을 판단할 수 있어야 한다는 것이다. 특히 창업 초기 단계이거나, 신사업 프로젝트가 막 시작된 상황이라면 더욱 상황을 낙관적으로만 보아서는 안 된다. 고객은 우리가 제품을 만들게 된 배경이나, 만드는 과정은 전혀 알지 못한 채로 제품을 계속 쓸지 말지 순식간에 결정해버린다. 고객은 본인이 기대했던 경험을 주지 않는 제품에 충분한 시간과 비용을 투자하지 않는다.

이는 곧 제품의 성공이 우리가 쏟은 시간이나 에너지에 비례하지 않는 다는 것을 뜻한다. 모든 팀원의 아이디어를 반영한 제품이 완성도가 높을 것이라거나, 고객의 모든 문의를 반영하는 것이 제품을 성공시키는 방법이라고 여기는 것도 이 사실을 간과한 생각이다. 물론 제품을 성공시키기 위해서는 많은 시간과 노력이 필요하고 팀원과 고객의 의견을 경청하는 자세는 필수적이다. 그러나 이러한 시도가 무조건적인 성공을 가져다주는 것은 아니라는 것을 염두에 두어야 앞으로 우리가 겪게 될 크고 작은 시행착오를 견딜 수 있다.

그렇다면 어떤 마음가짐으로 제품을 만들어나가야 할까? 지금 '우리가 만들고 싶은' 제품을 만들고 있는지, '고객이 원하는' 제품을 만들고 있는지 자문해보자. 그리고 우리의 결정이 틀릴 수 있다는 사실을 받아들이자.

단 한 번의 시도로 고객의 마음을 이해하지 못할 수 있다. 그러나 고객을 이해하고자 하는 시도는 틀리지 않았으니 포기하지 말자. 제품을 만드는 과정은 곧 고객을 이해하는 과정과 같다는 사실을 기억하자.

특정 기능에
매몰되지 않기

때때로 우리는 제품의 특정 영역이나 특정 기능을 개선하거나 새로 출시하는 업무를 할당받는다. 그러나 고객은 제품의 전체 맥락에 영향을 받으며 우리가 준비한 특정 기능에 도달한다. 물론 실무진 입장에서는 본인이 속한 프로젝트에서 맡은 역할을 잘 수행하는 것이 가장 중요하다. 그럼에도 진정으로 제품의 성과를 달성하기 위해서는 고객이 우리가 만든 기능에 다다르기까지 어떤 장애물을 뚫고 오는지를 잘 알고 있어야 한다. 그러니 목표 달성을 위해 고객이 겪을 전체적인 맥락을 체크해보자. 만약 우리의 솔루션까지 도달하는 과정 중에 장애물이 발견되었고, 그것 때문에 아무래도 성과를 기대할 수 없는 상황이라고 판단된다면, 다른 팀의 협업을 요청하여 문제점을 함께 개선할 수 있어야 한다.

실무 사례

뱅크샐러드 앱에는 수많은 화면과 기능이 있다. 그중 우리는 카드 추천 프로젝트를 맡았다고 가정해보자. 우리의 목표는 카드 신청하기 버튼의 클릭 수를 올리는 것, 즉 앱 내 카드 신청율을 올리는 것이다. 그런데 이 목표를 달성하기 위해 카드 추천 화면만 개선하는 것은 결국 한계가 있다. 카드 추천 기능에서 카드 발급에 영향을 미치는 것은 비단 카드 추천의 UI/UX에만 국한되지 않기 때문이다.

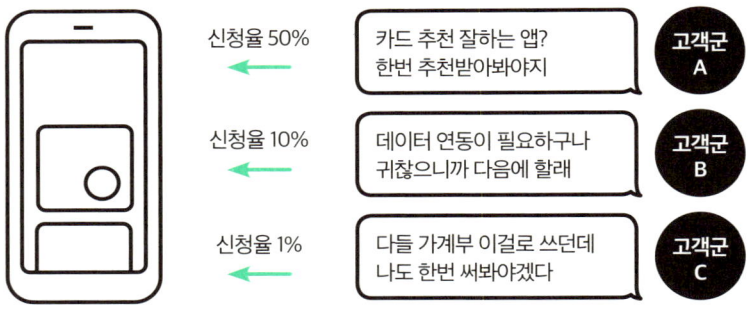

카드 추천 기능에 도달한 고객이 이 기능에 도달하기 전에 어떤 경험을 했느냐가 그의 카드 발급을 독려할 수도 있고 그렇지 않을 수도 있다. 카드 추천 광고를 보고 접속한 고객이라면 애초에 카드 발급에 대한 니즈가 분명한 고객이었기 때문에 앱 내 카드 신청율이 높을 것이다. 또 카드를 추천받기 위해 금융 데이터를 연동해야만 한다면 금융 데이터 연동율과 카드 발급율은 비례할 것이다. 따라서 데이터 연동이 되어있지 않은 고객에게 카드를 추천하는 것은 비효율이 높다.

따라서 카드 추천 기능의 성과를 올리기 위해서 고객이 어떤 광고를 통해 방문한 것인지, 지인에게 어떻게 소개를 받고 앱을 깔게 된 것인지, 또한 회원가입이나 금융 데이터 연동 과정에서 이탈할 위험은 없는지 등을 고려해야 한다. 이러한 맥락을 바탕으로 목표 달성을 위한 전체 고객경험을 함께 고려해 솔루션을 도출해보자.

방법론,
이론에 매몰되지 않기

이론과 현실은 다르다. 많은 실무진들, 그중에서도 특히 처음 UX를 실무에 적용시키려고 하는 사람들은 이 방법론에 너무 집중하는 경향을 보인다. 물론 나도 그런 사람들 중 하나였다. 처음 제품을 구축하던 당시 학부생 때 배웠던 수많은 방법론을 적용해가며 제품을 만들었다. 그러나 때때로 방법론과 상관없이 회사와 제품의 상황에 맞춰 나만의 방법으로 제품을 만들어보기도 했다. 그 결과 방법론을 적용한 제품이 늘 잘되는 것도 아니었으며, 방법론을 적용하지 않은 제품이 늘 실패하는 것도 아니었다.

결국 우리의 목적은 좋은 제품, 고객을 위한 제품을 만드는 것이다. 이론은 그것을 실현하는 데 도움을 주는 여러 도구 중 하나에 불과했다. 도구가 목적이 되어선 안 된다. 좋은 제품을 만드는 데 있어 고객을 이해하는 것은 필수지만, 그들을 이해하기 위해 유명한 방법론을 적용하는 것은 절대적이지 않다.

눈치챘겠지만 이 책은 처음부터 끝까지 제품의 성공을 위해 '고객'을 강조하면서도, UX 방법론을 자세히 소개하며 실무에 적용하기를 권하지는 않고 있다. 오히려 브랜드 마케팅의 인지 피라미드를 끌어오거나 카노 분석법을 변형해 업무에 단순하게 적용할 수 있는 법을 소개한다. 또한 그 흔한 퍼소나(Persona), 저니맵(Journey Map)은 언급하지도 않았다. 그러나 이 책을 열심히 읽은 당신은 우리의 고객이 누구인지 연구하여 그가 누구인지 명확하게 설명할 수 있게 될 것이다. 그것이 퍼소나다. 또한 새로운 제품을 출시할 때나 기존의 제품을 개선할 때, 고객이 어떤 과정을 거쳐 제품 또는 제품 내 특정 기능에 다다르게 될지 고려할 수 있게 될 것이다. 그것이 저니맵이다.

이제 우리는 굳이 퍼소나나 저니맵이라는 이론을 끌어와 팀원들에게 이에 대해 설명하고 설득할 필요가 없어졌다. 이 책에서 설명하는 방법을 스스로 적용해보고 그 과정에서 자연스럽게 협업을 요청하는 것만으로 더 쉽고 효과적으로 고객을 이해할 수 있을 것이다.

실제로 부서 간 긴밀한 협업을 위해서는 특정 직군만이 이해할 수 있는 전문 용어 사용은 지양하기를 권한다. 만약 퍼소나라는 단어를 사용한다면 이 단어를 이해시키는 비용과 이것을 사용해야 된다고 말하는 설득 비용이 들기 때문이다. 그 단어를 쓰고 이 방법론을 반드시 사용해야 된다고 주장하지 않아도, 우리의 타깃 고객을 이해하고 그들이 누구인지 정의하는 것이 필요하다는 건 모두가 공감하는 일이다. 그런데도 굳이 '이 이론을 써야 한다'고 주장하다 보면, 목적이 고객을 이해하는 것이 아니라 이론을 적용하는 것이 되어버린다.

혹시 팀원들에 비해 나는 고객 조사나, 제품 기획과 관련한 지식을 잘 모르는 것 같아 위축된 적이 있는가? 신경 쓰지 말자. 다시 말하지만 이론은 이론일 뿐이다. 이론을 아는 것 그 자체는 중요한 것이 아니다. 나는 제품 기획을 막 시작한 사람들에게 이론 공부에 너무 많은 시간을 쓰지 말라고 조언한다. 이론 공부에 시간을 쓰기보다 처음엔 다소 어설프더라도 직접 고객 가설을 세워보고 이를 실제 고객 반응을 통해 확인하며 결과를 학습하는 경험을 가능한 많이 해보라고 말한다. 이러한 경험들이 쌓여야 우리 제품에 대한, 고객에 대한 의미 있는 빅데이터가 쌓인다. 그리고 그 과정 속에서 자신만의 노하우와 인사이트가 만들어진다. 그것이 어떠한 책이나 아티클에서도 배울 수 없는 당신의 자산이 되어줄 것이다.

고객 문서를
적극적으로 활용하기

고객 인터뷰를 통해 얻은 인사이트나, 앱 스토어 등으로 접수된 고객 문의, 이 모든 것을 통칭하여 VOC(Voice of Customer)라고 하며 이에 대한 기록은 우리에게 훌륭한 자산이다. 이것이 제품 운영 과정에 보다 명확한 기준과 이정표가 되어줄 것이기 때문이다. 그러나 고객에 대해 알아가는 과정을 아무런 문서로 남겨두지 않거나, 문서로만 남겨두고 이후에는 전혀 활용하지 않는 경우가 허다하다.

제품을 설계하는 첫 순간뿐만 아니라, 제품을 운영하는 과정에서 린 프로세스를 적용할 때, A/B 테스트를 진행할 때도 '고객 가설'을 세우는 것이 그 시작이다. 고객 가설은 우리의 상상력이 아닌 실제 고객을 분석한 정성적(인터뷰 내용 등), 정량적(회원가입 수, 클릭 수 등) 데이터를 기반으로 세워져야 한다.

제품을 운영하는 과정에서 우리는 안팎으로 수많은 의견을 듣는다. 그 의견들은 서로 상충되기도 하고, 타협하거나 합의하기 좀처럼 어려운 부분도 있다. 팀원 간, 부서 간, 또는 협력 업체 간 각자의 이해관계가 다르기 때문이다. 이때 우리는 특정 개인이나 팀의 이익을 위해서가 아니라 '고객'을 기준으로 의사결정 할 수 있어야 한다. 우리 고객이 누구인지, 그들이 무엇을 원하고 중요하게 여기는지를 도출해낸 데이터가 고객을 위한 의사결정의 이정표가 되어줄 것이다. 그러니 고객에 대해 알아낸 사실을 기록하기 편한 곳에, 그리고 이후에 재확인이 필요할 때 꺼내 보기 편한 방식으로 문서를 작성해두자. (나의 경우 구글 드라이브와 컨플루언스를 사용했다.)

많은 고객들의 의견을 보고 듣고 관찰하며 그들이 처한 상황, 그들이 겪고 있는 문제, 나름의 해결법과 행동 패턴에 대해 이해해온 노력을 헛되이 하지 말자.

고객의 말을
맹신하지 않기

고객 인터뷰는 고객을 보다 정확히 이해하기 위해서 진행되어야 한다. 그런데 때때로 고객 인터뷰를 통해 고객으로부터 '정답'을 찾으려는 시도를 하기도 한다. 이를테면 고객에게 우리가 준비하고 있는 신규 기능에 대한 생각을 묻거나, 현재 제품의 문제가 무엇이라고 생각하는지에 대해 물어보는 식이다. 이 질문에 대한 고객의 생각을 들어보는 것이 무조건 무의미하다는 것은 아니다. 그러나 고객은 우리만큼 우리 제품과 비즈니스에 관심이 없다. 따라서 제품을 크게 성장시킬 수 있는 인사이트를 고객의 입에서 듣기란 아주 어려운 일이다. 그럼에도 우리는 고객이 한 말을 무조건적으로 받아들이고 제품에 반영하려고 하기도 한다. '고객이 그렇게 말했으니까' 또는 '고객이 원하니까'가 그 이유다. 그러나 아주 위험한 결정이다.

고객은 자신이 원하는 것이 무엇인지 모른다. 아무도 PC와 휴대폰을 통합한 스마트폰을 원하게 될 줄 몰랐던 것처럼 말이다.

고객의 말 하나하나를 있는 그대로 받아들이지 말자. 다양한 고객을 만나고 그들의 말 속에서 전체를 관통하는 인사이트를 발굴하는 것 즉, 제품의 문제를 발견하고 해결책을 찾아내는 것은 철저히 우리의 몫이다. 고객이 인터뷰 중에 어떤 대목에서 감정을 드러냈는지, 드러낸 감정이 어떤 종류였는지, 반복적으로 언급하고 있는 것이 무엇인지, 일면식도 없는 고객들이 동일하게 말하는 페인 포인트와 니즈, 행동 패턴은 무엇인지에 주목하고 그 속에서 우리 제품의 컨셉과 방향을 도출해내야 한다. 다시 말해 제품의 정답을 찾아내야 할 의무는 우리에게 있으며, 그것을 가장 잘할 수 있는 사람은 고객도 다른 누구도 아닌 '나'임을 잊지 말자.

Chapter 11. 핵심 요약

1 제품의 성공은 우리의 시간과 노력에 항상 비례하지는 않는다.

2 고객이 경험할 전체 맥락을 고려하여 제품을 개선하자.

3 이론은 이론일 뿐! 직접 고객과 부딪쳐보자.

4 고객을 이해한 과정과 결과물을 제품 개선의 이정표로 삼아야 한다.

5 제품의 문제와 해결책은 고객이 아닌 우리가 찾아내야 하는 것이다.

EPILOGUE

성공하는 제품, 당신도 만들 수 있습니다

Simple is best 제품 개발에 관여하는 모든 사람들은 '우리 제품은 설계하고 운영하기에 너무 복잡하고 까다롭다'고 말한다. 스타트업이건 대기업이건, B2B이건 B2C이건, 또 소프트웨어 제품이건 하드웨어 제품이건 할 것 없이 말이다.

과연 우리 제품만 이토록 복잡한 것일까? 당신이 그렇게 느끼는 이유는 제품을 만드는 과정 속에 있기 때문이다. 제품을 만드는 과정은 업종과 회사의 규모를 막론하고 모두 복잡하고 까다롭다. 제품 개발 과정은 기본적으로 이해관계가 다른 최소 3개 이상의 직군이 한마음 한뜻으로 움직여야 하고, 이미 론칭된 기능과 앞으로 론칭될 기능과의 연결 고리도 고려해야 하며, 내부의 이익(비즈니스 목표, 투자 계획, 팀원들의 동기부여 등)과 외부의 이익(고객, 제휴사 등)을 따져보아야 하기 때문이다. 따라서 외부에서 봤을 때는 아주 단순해 보이는 하나의 기능도, 만드는 과정은 복잡다단할 수밖에 없는 것이다.

우리는 이 복잡한 상황 속에서 제품을 성공시키기 위해, 더 효율적인 협업을 위해, 빠른 의사결정을 위해, 새로운 지식이나 방법론을 시도해보곤 한다. 지금 이 책을 읽고 있는 것 역시 그를 위한 새로운 시도 중 하나일 것이다. 좋다. 그러나 새로운 시도가 우리의 상황을 더욱 복잡하게 만드는 것은 경계할 필요가 있다.

나 역시 팀원들과의 치열한 토론과 혼자만의 고민으로는 제품을 성공시키는 것에 한계가 있음을 느낄 때쯤, UX 방법론 하나하나를 업무에 적용해보던 시절이 있었다. 그러나 어느새 방법론에 매몰되어 제품을 성공시키는 것이 목적이 아닌, 이론을 그대로 따르는 것이 목적이 되어가고 있었다. 그 사실을 자각하게 된 것은 안타깝게도 여러 프로젝트가 실패로 돌아간 후였다. 아이러니하게도 제품을 성공시키기 위해 꺼내 든 방법론이지만, 그 자체에 매몰되면 근본적인 목적의식을 망각하게 된다. 지식의 홍수 속에서 목적을 잃는 순간, 상황은 더욱 복잡해질 뿐이다.

제품을 성공시키기 위해 우리에게 필요한 것은 때로는 새로운 기술을 습득하는 것이 아니라, 이 복잡한 상황을 '단순화'하는 습관이다. 단순화라는 것은 상황을 뭉뚱그려 보는 것이 아니라 그 속의 'Why'와 전체 상황을 '관통하는 본질'을 찾는 것이다. 나는 '단순함'의 힘을 믿는다. 예를 들어 복잡한 시장 상황에서 우리 제품의 비전을 정의하는 것 또한 일종의 '단순화'

이다. 우리 제품이 왜 존재해야 하는가? 우리는 왜 목표를 달성해야 하는가? 우리의 고객은 누구인가? 등 수많은 질문에 답을 주는 것은 이 모든 것을 관통하는 '비전'이다.

일상에서 상황을 단순화하는 습관을 키울 수 있다. 긴 글을 요약해보는 것, 상대의 말 속에서 핵심을 짚어보는 것, 기나긴 회의의 결론을 내보는 것, 광고 영상이 말하고자 하는 핵심 메시지를 한 문장, 한 단어로 정리해보는 것 등 방대한 양의 정보 속에서 핵심을 찾아내거나, 나름의 결론을 내보는 것이다.

복잡한 상황을 심플하게 정리해내는 힘을 길러보자. 제품에 대한 빠른 의사결정이 필요할 때, 쏟아지는 고객 문의에서 우선순위를 세우거나 고객 인터뷰 내용 속에서 인사이트를 도출할 때, 그리고 다양한 직군과의 협업에서 의견을 조율할 때에도 빛을 보게 될 것이다.

Just do it

지금까지 제품을 성공시키기 위한, 다시 말해 충성 고객을 유치하기 위한 필수 과정들을 순서대로 살펴보았다. 모든 내용을 읽었다면, 이제 시작이다. 신사업을 시작했거나 새로운 프로젝트를 맡았다면 모든 과정이 완벽해야 한다는 강박에서 벗어나자. 완벽이라는 건 때로는 무언가를 시작조차 하지 못하게 한다. 그냥 일단 해보자.

습득한 지식을 머리로 이해하는 것과 그것을 직접 입으로 내뱉고, 몸으로 행동해보는 것의 차이는 크다. 지식을 내 것으로 만드는 과정은 어색하고 불편하다. 그렇다고 아무것도 하지 않으면 영원히 내 것이 되지 않는다. 그저 머릿속에 있는 수많은 지식 중 하나에 불과하다. 아주 작은 것이라도 좋다. 설득력 있는 커뮤니케이션을 하고 싶다면, 업무 계획을 공유해보거나 전혀 다른 의견에 경청하는 자세를 가져보자. 또는 업무를 마무리 짓기 전 피드백을 요청하는 것부터 시작해봐도 좋다. 지금 당장 할 수 있는 것을 하나씩 하는 것이다. 그 경험들이 쌓여야 비로소 내 것이 되고, 모두가 인정하는 역량이 된다.

제품을 만든다는 건 끝을 알 수 없다는 점에서 삶을 살아가는 것과 비슷한 면이 있다. 수능이 끝나면 세상이 끝날 것 같았지만 대학이라는 새로운 세상이 펼쳐진다. 대학 졸업장을 따고 취업을 하면 이제 한시름 던 것 같지만 사원증이 주는 기쁨도 잠시다. 지난한 직장 생활은 뒤늦은 방황의 시작을 알리고 인생은 쉼 없이 새로운 문제를 던져준다. 한 문제를 해결하면 기다렸다는 듯 그다음 문제를 던져준다.

믿고 싶지 않겠지만 제품을 만드는 과정도 이와 같다. 머릿속의 아이디어를 타인이 이해할 수 있는 형태로 설계하고, 설계한 제품을 개발하여 시장에 출시한다. 제품을 출시하고 나면 한시름 덜 수 있을까 싶지만, 제품을 세상에 어떻게 알릴 것인지 마케팅에 대한 고민이 시작된다. 고객 반응을 살피며 주요 지표를 올리기 위해 전략에 대한 끊임없는 고민으로 바쁜 와중에 예상치 못한 고객 문의와 버그들이 쏟아지고, 심지어 투자 준비와 팀원들의 불협화음까지 엎친 데 덮친 상황이 생기기도 한다. 이것을 극복하는 방법은 하나다. 문제를 해결하기 위해 우리가 할 수 있는 것을 하는 것. 즉 '저스트 두 잇' 정신뿐이다.

고객 인터뷰가 처음이라면 막막할 것이다. 인터뷰이를 마주했을 때 생각보다 긴장되고, 긴장하는 바람에 예상하지 못한 상황이 생겨 더욱 당황할 수도 있다. 내가 처음 고객 인터뷰를 했을 때, 엉성한 질문지를 준비해서 인터뷰이를 마주했던 기억이 있다. 인터뷰에 참여한 모두가 불편하고 어색한 2시간이었다. 준비해 온 질문지의 순서와 실제 대화의 흐름은 당연히 일치할 수 없음에도, 예상대로 흘러가지 않는 대화에 당황하고, 때로는 질문을 이해하지 못하는 인터뷰이의 반응에 도망치고 싶었던 때도 있었다.

그러나 이러한 어려움을 핑계로 고객 인터뷰를 포기했다면 어떻게 되었을까? 아마도 끝끝내 성공이라는 경험을 하지 못했을지도 모른다. 또한 충성 고객을 확보해야 하는 이유와 그로부터 제품을 성공시키는 법에 대해 지금처럼 명확히 설명할 수 없었을 것이다.

비전을 세우는 것, 고객을 직접 만나는 것, 가설을 세우고 검증하며 제품을 완성시켜나가는 것 등 이 책에 소개된 내용의 일부는 어쩌면 실무에선 한 번도 해보지 않았던 낯선 경험일 것이다. 그러나 엉망이었던 나의 첫 고객 인터뷰가 결국 성공의 초석이 되어준 것처럼, 우리의 어설픈 첫 경험은 성공으로 가는 첫 발자국이 되어줄 것이다.

긴 시간, 온갖 시행착오를 거쳐 얻은 나의 노하우를 이 책을 통해 모두

가져가길 바란다. 부디 나의 노하우로 제품 성공과 개인 성장의 실마리를 찾을 수 있길, 또 많은 사람들이 꼭 필요로 하는 제품이 탄생하기를 바란다.

팔리는 프로덕트

발행일 2021년 12월 25일 (1판 1쇄)

지은이 박지수

발행인 김윤환
출판 총괄 유진 | **책임 편집** 이한나
디자인 총괄 조중현 | **표지 디자인** 안지연

발행처 (주)탈잉
신고 2020년 2월 11일 제2020-000036호
주소 서울특별시 강남구 테헤란로 625 6층
이메일 books@taling.me
팩스 02-6305-1607
홈페이지 www.taling.me
블로그 blog.naver.com/taling_me
페이스북 @taling.me | **인스타그램** @taling_official

ⓒ 박지수, 2021

ISBN 979-11-974316-8-5 (03320)

- 책값은 뒤표지에 있습니다.
- 잘못된 책은 구입하신 곳에서 바꾸어 드립니다.
- 이 책은 저작권법에 따라 보호받는 저작물이므로 무단 전재와 무단 복제를 금하며,
  이 책의 전부 또는 일부를 이용하려면 반드시 저작권자와 (주)탈잉의 서면 동의를 받아야 합니다.